小太阳亲子丛书

打通亲子的任督二脉

萧 文 等著

复旦大学出版社

图书在版编目(CIP)数据

打通亲子的任督二脉/萧文等著. —上海:复旦大学出版社,2015.7
(小太阳亲子丛书)
ISBN 978-7-309-11390-0

Ⅰ.打… Ⅱ.萧… Ⅲ.儿童教育-家庭教育 Ⅳ.G78

中国版本图书馆 CIP 数据核字(2015)第 080618 号

打通亲子的任督二脉

萧　文　苏丽华　黄心怡　马信行　陈龙安　林文瑛　吴澄波　郭丽安
童媛卿　周美德　林玟莹　张资宁　黄素菲　钱永镇　方隆彰　吴金水　著
泰山文化基金会　策划
文字整理/谢蕙蒙
责任编辑/邵　丹

复旦大学出版社有限公司出版发行
上海市国权路 579 号　邮编:200433
网址:fupnet@fudanpress.com　http://www.fudanpress.com
门市零售:86-21-65642857　团体订购:86-21-65118853
外埠邮购:86-21-65109143
上海市崇明县裕安印刷厂

开本 890×1240　1/32　印张 5　字数 94 千
2015 年 7 月第 1 版第 1 次印刷
印数 1—4 100

ISBN 978-7-309-11390-7/G·1464
定价:28.00 元

如有印装质量问题,请向复旦大学出版社有限公司发行部调换。
版权所有　侵权必究

序

你跟得上孩子成长的脚步吗？

文／吴娟瑜（泰山文化基金会董事、国际演说家）

当我们的孩子已然在社群网站交游广阔、四处联结时，我们还停留在一味地叫他们"赶快关电脑""赶快睡觉"吗？

当我们的孩子离开家门的时候，可以和同侪嬉笑玩乐；但是，一回到家，却板着一张脸，一语不发。这代表了什么意义呢？

我们承认现在的孩子很难教，因为他们从小在多元媒体中长大，脑袋已经变得灵巧聪明，往往在大人一句命令后，接着就是让老爸老妈招架不住的顶嘴。

一位妈妈曾经跟我分享。有一回，她的先生加班回到家，看到十六岁的儿子还黏在线上游戏上不下来，身心俱疲的他忍不住破口大骂："你不要命了，是不是？"不料，儿子全无反应，还对着屏幕画面笑嘻嘻地自言自语。

待老爸靠近儿子，仔细听他在说些什么；只见儿子手敲键

盘，眼盯着大魔神喊着："砍！砍！砍！"同时还说："有人又在'起肖'（发疯）了……"

这位妈妈告诉我："那时我先生差一点把儿子抓起来揍，幸好我在旁边，不然……"

类似这种亲子冲突的画面层出不穷。另一位妈妈是挡在家门口，不让高中生女儿出门，她几近歇斯底里地对女儿吼叫："为什么要去见那个网友？你不知道这种男人专门来骗你这样无知的女孩……"女儿在和妈妈的争吵扭打中趁隙脱逃而出；已经披头散发的妈妈，则跌坐在家里嚎啕大哭……

她告诉我："我是一个彻底失败的妈妈啊！"

泰山的校园讲座有口皆碑

面对社会、学校、家庭各种此起彼落的亲子问题，泰山文化基金会在泰山企业总裁詹仁道先生、执行长黄翠吟小姐带领之下，早已在二十多年前看出社会变迁可能衍生的亲子冲突，多年来在台湾各地推广家庭教育，举办"真爱家庭"校园巡回讲座。

"推广家庭教育及增进心灵成长"的理念，使得一粒粒成长的种子悄悄在许多家庭萌芽、茁壮、成长。而这些种子的功效，就是把最好的教育理念和教养方法带进家庭里，让身为父母者尽速改善和子女的沟通模式，协助孩子建立正面的人生观；还有，当碰到困难挫折时，亦可以拥有坚强乐观的态度和勇往直前的能力。

在这过程中,我们也要佩服泰山文化基金会的前瞻性。多年来,基金会挖掘了许多专业的亲子教育讲师,从各个不同的面向家长提供积极成长的讯息,同时引介学界与实务上的新观念,让父母能跟上世界潮流,适时地拉孩子一把。

本书各篇原是基金会亲子讲座内容,感谢谢蕙蒙小姐整理摘录,刊登在《泰山真爱家庭》期刊上。忝为泰山文化基金会的董事之一,我也非常感激慈济传播人文志业基金会的热心合作,将其结集出版,让这些紧凑扎实的教育理念更能广为流传,帮助许许多多的父母及其子女。

十七篇杰出讲师的灼见

这次出版的《打通亲子的任督二脉》,就是一本家人可以共读、并且共同成长的好书,收入了十七篇杰出知名讲师的真知灼见。当我一睹为快、一口气读完时,不禁对自己说:"哈——原来还有很多我需要学习的知识啊,好感激!"

例如,萧文教授提到:"我们面对孩子的管教,与其设立很多的规章,还不如用开放的态度,让孩子自己来发觉、探索自己的问题所在。"

又如吴金水教授说:"根据心理学研究,孩子成长的早期,是人格发展的关键期;如果教育的方式不当或错误,祸根会潜伏至十二岁,当面临青春期身心发展发生巨大变化时,才开始算总账。"

这些都提醒了家长及早改变孩子教养模式的重要性。此外,也有讲师们从实务面提醒父母改进的方向;例如,张资宁老师便提到从三个方向去了解青少年的需求:一、隐私的需求;二、被爱的需求;三、独立冒险的需求。

黄素菲老师则说到:"良好的亲子关系是要及早建立的;在孩子学习与成长的阶段,不要让亲子间的互动只剩下课业层面,而其他都很空洞。"

董媛卿老师更细致地要父母学习如何教出有观察力的孩子,让他们能"看到、细看、看出关联、整合联结"。

这些亲子教养的理念和方法是需要细细思量和琢磨的。为了跟上时代脉动,为了用对方法来教养孩子,我们身为父母的人实在是责无旁贷。

当孩子对我们争吵的时候,当孩子极力挣脱的时候,当孩子怒目相视的时候……我们就是要勇敢地问自己:"我跟上了孩子成长的脚步吗?"

然后透过本书里各名师的指点,一再思索、一再省察,勇于修正,我们一定会看到家人共同成长的方向和重整的机会就在眼前了。

绝不、绝不、绝不要放弃啊!

目 录

| 序 | 你跟得上孩子成长的脚步吗？／吴娟瑜 | 1 |

做个有效能的父母——你的管教观念落伍了吗？／萧文　1
父母心经——爱孩子之前先爱自己／苏丽华　9
亲密而有点距离——营造和谐的家庭气氛／黄心怡　19
"爱心"为何变成"害心"？——解开教养的迷思／马信行　29
亲情是天长地久的——用3Q创造双赢／陈龙安　39
提高EQ——聪明走出情绪盲点／林文瑛　47
尊重、了解、关心他——认识青春期的孩子／吴澄波　55
进入孩子的内心世界——你们可以更亲密／郭丽安　61
生活处处是潜能——栽培你的孩子／董媛卿　69
教出快乐的孩子——从了解人格特质开始／周美德　79
智慧教养——健康家庭的五片花瓣／苏丽华　87
为自己负责——陪孩子走过成长路／林玟莹　99
做可以聊天的朋友——没有压力的亲子相处／张资宁　109
追梦与圆梦——探索自己，规划生涯／黄素菲　117
认真过生命中的每一天——乐观向上的精神力量／钱永镇　127
爱的存款——亲情要靠一点一滴的累积／方隆彰　135
有爱无碍——爱是解开教养问题的关键／吴金水　145

做个有效能的父母
——你的管教观念落伍了吗?

/萧文(台湾暨南大学荣誉教授)

对于孩子的管教,与其设立很多规定,还不如用开放的态度,让孩子自己去发觉、探索自己的问题所在,并且试着走进他的生活,走进他的思考,走进他的行为,走进他的梦想,这就是民主。

很多父母常问：孩子什么时候才会长大、变懂事一点？也有父母感叹，孩子大了就完全变了，变得让人觉得陌生而不容易了解……不知你是否也有同感？

记得我家老大小学六年级时，有一天回来对我说，他不要再用旧的水壶了。我觉得很奇怪，那个塑料水壶才用了一年多，并没有坏啊？我就问他为什么，他说："这个水壶好幼稚，好像小孩子用的！"让人听了既好气又好笑，这孩子以为自己多大年纪啊！

●时代不同，管教观念该变通

这件事也让我警觉到，当孩子渐渐"长大"、不想再当"小孩"时，父母究竟该如何看待，很可能就是决定亲子关系良窳的一大关键。例如，当孩子开始喜欢打扮自己，每天早上都在浴室里"摸"上半天；顶上明明没多少头发，也要拼命把额前吹出一个漂亮的弧度……你对此有意见，他却说："我们班上都是这样子！"让你拿他没办法。

还有早餐时间，孩子的动作从来没快过，总要父母在一旁连吼带骂地催他："动作这么慢，上学要迟到了，还不快一点！"或者是，看不惯孩子大冷天穿太少，逼他多穿一件，他却说："穿多了同学会笑。"

几次下来，孩子会不会觉得，只要在家吃早餐就会挨骂，还不如自己出去买三明治？亲子专家鼓吹的"全家人一起吃早餐"，反而变成亲子战争的导火线，再好的美意也都变恶意了。

为什么连"穿几件衣服"这种事,亲子之间都会发生争执?这是因为,做父母的总是担心孩子受凉、生病;但仔细想想,我们年少的时候,不也常因不愿多穿衣服而被父母叨念?

天底下为人父母的,好像总是不自觉地站在对立面去管教孩子;孩子小时或许还能奏效,但孩子大了就可能有所反抗,而渐渐出现"管不动"的情形,让父母觉得管得很累。这就是父母的"效能"不佳,导致亲子互动不理想。

父母亲必须意识到,孩子成长到青少年阶段,他们的想法就已经跟过去的儿童阶段完全不同;必须充分了解今天的青少年到底是怎样的一群人,才能了解孩子的心理,并扮演好父母的角色,成为所谓的"有效能的父母"。

● **年少轻狂,自我观念相当强**

时下青少年说话常强调"我"这个字,像是"只要我喜欢,有什么不可以""我有话要说"等流行语。在青春期的孩子眼中,"自我"是最重要的;这和我们过去的成长经验,可说是完全不同。

四十岁以上的家长应该还记得,我们那时最常看到的标语是"时代考验青年,青年创造时代"之类的;"青年"只是一个集体名词,根本不强调"我";或是只有"大我"而没有"小我",因为大家谈的都是国家、社会、规范、责任,而不是个人的小情小欲。

记得我读高中时,有一次我们班同学在校外和人打架,教

官第二天把我们全班集合大骂一顿,最后说:"你们爱跟别人打架我不管,但要记得先把你们的制服脱下来,去打死了我也不管!"因为"制服"代表学校,穿着学校制服和人打架有损校誉,这就是"大我"的意识。

可是,曾几何时,我们的孩子和我们那个时代的观念相差那么多!他们开口闭口都是"我怎么样、我怎么样"。每句话好像都在告诉你:"我比你了不起,你要听我说!"所以,面对这种自我观念非常强的孩子,在辅导过程中就必须拿出不一样的方法,才能叫孩子心服口服,而不是阳奉阴违。

虽然许多亲子专家一再强调,要站在孩子们的角度来跟他们互动,但是,有几位家长做得到?因为我们都是在矛盾中长大。当我们在管教孩子时,一定常说:"我是你爸爸(妈妈)耶!你要听我的!"因为我们从小就深信"天地君亲师"五伦的观念是天经地义的,所以我们也自然认为孩子们听话才是对的。这种亲子关系迟早会出状况。

● 凡事都管,不如辅导去试探

在和孩子互动时,我们该扮演"严父"还是"慈母"呢?这点常让大家觉得很困扰。

我有一次参加一个青少年问题研讨会,与会者对"训导"和"辅导"做了一番讨论,最后的结论是——"什么事都要管,禁止孩子们犯规"是"训导";"辅导"并非盯着孩子们说"这个不能、那个不行",而是要让孩子们有机会去探索自己,让他们自己去体会什么事能做、什么事不能做。

举例来说，如果家有两三岁的小孩喜欢玩火，看到点蜡烛或煤气炉时会很兴奋地想去摸，我们通常的教育方法一定是骂他，或是打一下他的手心说："不可以，会烫烫啊！"可是，这样他就会降低好奇心而不去玩吗？不可能，孩子只是在我们看得到的时候不敢玩，只要我们一不注意，也许就出事了。

我们如果只是禁止孩子不准做这、不准做那，而没有告诉他为什么不准做、做了会有哪些后果，这就像"严父"的角色，只知一味禁止。相对的，"慈母"的角色则是要带着孩子去试探一些我们原本会禁止他去做的事情。

我曾亲自带孩子去过一次电动玩具店，一边和他玩，一边叫他注意观察旁边那些人是什么样的人，吃、喝些什么东西，花多少钱。

孩子告诉我："这些人好奇怪，还那么年轻，不读书又不上班，哪来这么多钱玩电动？又抽烟、吃槟榔，看起来就不像是好人！"结果孩子当下决定，以后再也不去电动玩具店。如果我们只是要求他不要去，绝对达不到这种效果。

●开放思考，孩子甘愿受引导

假如你三番两次警告孩子放学后要直接回家，千万不要转到漫画店或电动玩具店去玩，孩子即使答应了，也并不代表他一定不会去；有时受不了诱惑，他还是会偷偷去。因此，不管你是扮演"严父"或是"慈母"，都难免有挫折感。究竟是孩子

太坏,还是我们做父母的有问题?

因此,对于孩子的管教,与其设立很多规定,还不如用开放的态度,让孩子自己去发觉、探索自己的问题所在。

不要期望他们还像小时候一样,父母说什么他们都会听;而是要设法走进他的生活,走进他的思考,走进他的行为,走进他的梦想,这就是民主。只有用这种方式,我们才有机会去引导我们的孩子,而不是让他们离我们越来越远。

要强调的是,"严父"和"慈母"并不一定是固定的身份;爸爸有时候可以扮演慈母的角色,而妈妈也可以成为严父管教孩子。

在改变孩子行为的过程当中,不能一味要求速效,希望孩子把不好的行为马上矫正过来,这是绝对不可能的;只能要求他在能力范围内尽量去改,哪怕是一点点,我们也要给他鼓励。

比方说,孩子本来就没有一回家马上做功课的习惯,怎么可能因为父母骂他一两次,他就会改变?更糟的是,有些父母因为孩子老是骂不听,就用更严厉的方式来教训他;结果不但未能达到目的,反而可能把亲子关系越弄越糟。

● **放下身段,幽默一下更圆满**

所以,要做个有效能的父母,就要注意孩子的特质,挖掘孩子的优点,并找机会告诉他们或赞美他们;哪怕是一点点的鼓励,都能让他们越变越好,而不是一味要求他们照着你的想法,变成这样或那样,让他们觉得自己老是达不到父母的标准而灰心。

其次，要改掉孩子某个偏差行为，首先要寻找一个健康的行为来代替。比如孩子喜欢打电动玩具，屡劝不听，不妨找一个竞赛型的游戏来引起他的兴趣，像是篮球、模型飞机等，让他从中获得相同的成就及满足，建立健康良好的生活习惯，便能渐渐远离偏差行为了。

要特别注意的是，要做有效能的父母，很多观念都要重新建立，其中一个就是要放下身段，多了解一点孩子喜欢的偶像、游戏和服饰等，可让亲子关系的联结更紧密，循序渐进地达到更有效的沟通和潜移默化的作用。

当孩子小的时候，我们跟他们说话，是不是常试着用童言童语跟他们沟通？我们会说："吃果果，坐车车！"而不是："吃水果，坐汽车。"即使有些教育理论认为，后者比较有助于孩子们正常语汇的发展，但前者却会使孩子们感到很兴奋，觉得跟父母产生了某种联结。

因此，学习"放下"，偶尔幽默一下也不错。所谓"幽默"，并不是讲讲笑话，而是放轻松，有时改变一下生活方式，改变一下说话的口气，学习放下我们的成见及对孩子"成龙成凤"的期望，包容他、接纳他，才会看到孩子的长处，甚至连缺点都会看成优点，亲子关系自然会越变越好。

（本文根据演讲整理摘录）

父母心经
——爱孩子之前先爱自己

/苏丽华（亲子教育专业讲师）

唯有真正和自己的情绪和平相处，才能磨练出灵性的成长；在善待自己有余之后，方能产生疼惜孩子的力量。

有位妈妈叫姊姊去管教弟弟,姊姊说:"没问题!"结果她发现,"管人"真累!每天都要不断地重复提醒相同的事,有时好像说了也没用。她索性去买一只鹦鹉放在弟弟头上,让这只鹦鹉每天重复说:"不可以看电视!赶快去读书!不要太晚睡……"

这故事虽然是一则笑话,不过,若是父母亲天天跟在孩子后面叨念,台词千篇一律,岂不就像那只鹦鹉一般?如果这叫做"沟通",孩子会不会早就背得滚瓜烂熟?你还没有说完这一句,他就已经知道你下一句要说什么,听到最后便麻木了,你说一下他才动一下,你不说他就不动。如此带孩子真是辛苦!

● 何必叮咛反复,不知不觉变成鹦鹉

你又是怎样对待自己呢?小时候的"鹦鹉"还在吗?即使你已是个成人,脑子里面是不是重复着一些挑剔自己与别人的声音?让鹦鹉飞走吧!你已不需要它了!你可以做自己的主人,一个有选择自由的人;当你让自己自由,与你相处的亲人方能得到自由。

例如,我以前常提醒小女儿收拾房间,本来是好意的,希望她养成随手收拾房间的习惯。但有一天老大告诉我:"妹妹觉得她这一辈子几乎都在收拾房间。"

我说:"这有什么不对吗?她的房间老是乱七八糟,没有收拾干净呀!"

后来我警觉到,这本来是小事,却因为我常常说她,在她

的主观感受上就是:"妈妈不喜欢我,我是不好的,因为我房间乱七八糟。"我好意地再三提醒,不但无法让她"动"起来,反而造成她的压力与负担。于是,从那天开始,我下定决心再也不讲了,毕竟那是她自己的房间。

你对自己有信心,对孩子也要有信心;孩子没有你的提醒,不一定就会忘记收拾房间。我观察到,当我不再不断提醒她之后,孩子也会主动去做——当她觉得自己房间太乱,看不过去时,或是有同学要来家里做客时,或者某次心血来潮的时候……总之,一个月三十天,她至少有三天会收拾房间。

当我学会放下,不再记挂这件事时,我和孩子之间的关系、彼此看待的眼光就完全不一样了。以前每次看到老二的时候,就只看到她的房间没收拾,没看到她其他方面的美丽之处,弄得亲子关系很紧张;后来放下这份执著,看待她的眼光变得不同,她快乐,我也得以轻松!

● **不管工作多忙,关怀家人可不能忘**

曾在网络上看到一则故事:一群企业家一起去听演讲;结束前,演讲者建议企业家们回去后做一件好事。有一位企业家想了想,决定要为自己儿子做一件好事。他回家时恰巧看到儿子正在阳台上眺望远方,就轻拍了一下孩子的肩膀,把正在发呆的儿子吓了一跳。

因为这位爸爸平时很少与儿子聊天,一时之间也不知该说什么,于是他脱口而出:"你身上的钱够用吗?"

儿子说:"够呀!"说完后就低头走回房间去。

爸爸觉得很奇怪,跟在孩子后面说:"如果钱不够用,爸爸身上有,要告诉我啊!"

隔天,这位企业家接到一封他儿子写的信:"生命太神奇了!当我站在阳台上想着要不要跳下去结束生命,我刚好听到你一句关怀的话,接触到你的眼神,体会到你是真的关心我。所以我想,这就是值得我继续活下去的好理由。于是,我决定活下来了。"

看了这个故事,你是不是觉得"好险呀"。是的,不管你有多忙,也别忘了"关怀"的重要;即使是身边最亲近的家人,也需要你不时给予关怀与鼓励;重点还在于,怎么做才能让人感受到?

若想要去爱别人、关怀别人,必须是你已经给了自己很足够的感情,而且还有剩余的力量,才有能力分给别人;反之,如果你身上没有,或是从来不曾拥有过,又怎么能分给别人呢?

● 内功底子不足,情绪容易随境起伏

坊间谈亲子教育的参考书很多,大多谈沟通艺术、方法和技巧,我称它为"外功";那些技术虽很重要,但更重要的是"内功"。在中国功夫里最上乘的武功便是"内功";如果"内功"底子打得深、打得好,再加上基本的外功招式与技巧,就能让人运用得如鱼得水了。

父母心经——爱孩子之前先爱自己

有些缺乏内功的人,每天都会发生"地震"——人家随便说一句话,他的内心就会震撼、动摇不已;人家的一句话、一个眼神、一个动作,都会令他生气、难过、五味杂陈,有如地震一般。反之,如果你内功基础打得好,可能要碰上像九二一那种大地震,才会感到震撼。内功其实就像是心灵的地基,应该如何修炼,才能"八风吹不动"呢?

北宋的大文豪苏东坡,有一次写信给他的好朋友佛印禅师,信中说:"我现在修身养性的功夫,已练到'八风吹不动'、什么事情都惊扰不了的境界了。"

佛印的回信里只有两个字:"放屁"。

苏东坡一看十分生气,马上动身找他理论。两人住的地方必须渡江;当苏东坡到达佛印住处时,佛印不在家,只见门上有张纸写着:"八风吹不动,一屁打过江。"意思是说:"如果你真的'八风吹不动',为什么会因区区两个字便气得渡江找我理论呢?"

这个故事让我引以为鉴。当我觉得自己修养很好,或者带孩子的功夫不错,甚至觉得自己在待人接物方面很有一套,而感到有点得意时,总会碰到一些小问题,似乎冥冥中在考验我是否真的经得起试炼。孩子往往便像一位出题目的老师,不断测试我们是否已经修到"八风吹不动"的境界了。

● **多用正向鼓励,孩子就能自信积极**

我所谓的内功有两方面:一是你是否允许自己犯错,接不接纳自己的缺点，你有没有好好看待自己的优点，有没有去发挥它们？

其次是情绪的管理。很多人误以为修养好的人都是不能生气的；其实，真正的情绪管理，并非不许人有负面情绪，而是教人应如何面对，给自己和他人空间去处理自己的喜怒哀乐，才不致压抑、自责，一直停留在负面情绪当中。

我相信，每个人生来心里都有录音带在录音，从小就开始录下重要关系者对自己的评论，而且照单全收。比如，当你带孩子出去看朋友时，朋友说："哇！你儿子好帅啊！"你回答："没有啦，只是出门时会打扮一下，否则他在家都很邋遢的。"朋友夸孩子书读得不错，你却说："没有啦！你不知道他上次考得多烂，这次是侥幸。"

孩子会不会把这些话录下来？当然会！因为你对他而言是很重要的人，你说什么他就录什么。这就是为什么我们长大以后总是看不到自己，因为我们录了太多自己的缺点，录了太多朋友、父母、老师对自己的说法；若是你成长过程的成功经验又不巧地很少，如何能培育出自信的自我？

我们若是真爱孩子，应看孩子积极、正向的那一面，多多鼓励他在做事过程中的努力，而不是看他赢过多少人，这才是比较重要的。我不太喜欢对孩子说："你很棒呀！妈妈在忙时，你都会主动来帮我。"表面上这句话似乎没有错，可是这样一来，我也在暗示他要做某些事情才能讨好我。

我比较喜欢孩子是自发的、欢喜的、心血来潮地去做；是他真心地认为妈妈累了，想为妈妈做而做。所以，我在鼓励孩子时会十分小心用语，希望让孩子认为他可以做自己的主人，而不是为了讨好某个人而去做某些事。

● **情绪随时会变，不会总是停在冬天**

人的情绪就好像春夏秋冬四季一般，有着不同的面貌。

心情很平静、愉快、满足、幸福、舒服，有如春风拂面一般，就像是春天；很亢奋、躁郁、烦躁、很high、很酷、很火，就有如夏天；伤感、失望、难过、孤单、寂寞、有些无力感，这就像秋天；觉得沉痛、绝望、沮丧、放弃、痛苦、悲愤莫名，便像是冬天。人的情绪有那么多种变化，如果你能够知道自己正处在哪一季，而别人又是什么季节，对应起来或许会比较容易。

比方说，你在春天的情绪中煮了四菜一汤，等先生、孩子回家吃饭；可是，孩子一回到家却说："我不想吃。"他可能在外面受了委屈，太累或压力很大……反正，从他的情绪反应里，你可以知道他正处在秋天或冬天。

你在春天里兴冲冲地邀孩子一起来吃东西，却没想到碰了一鼻子灰，原本的好心情可能就被破坏了，跟着掉入秋天或冬天的情绪之中："你是什么意思？一回来就用这种态度，讨厌和我说话吗？"

接着爸爸回家了；他一进门看到一桌好菜，很高兴地说："哇！今天晚餐有这么多好吃的菜呀！"却看到妈妈嘟着嘴，向他一直抱怨孩子的不是。

爸爸本来是夏天的情绪,被妈妈一带,不小心也跑到秋、冬去了,便跟妈妈一起骂孩子,所有人的情绪就这么都掉入严冬之中。这下子,就算一家人好不容易坐下来吃晚餐,谁还吃得下去呢?一桌子的菜含有多少情绪毒素?

你应该常提醒自己,一个人的情绪不会永远是冬天的。当你在春天时,可以邀约他来春天散步;而发现对方的情绪正处在冬天时,不妨尊重他,让他在冬天多待一会儿,不要勉强他;你自己则保持在春天,等对方走出冬天的情绪、自己愿意说出来的时候再来沟通吧!

也就是说,当两个人的情绪都同在春风里的时候才可以谈心呀!这就是我们所说的情绪管理;原则就是同步陪伴,教你认识自己、了解他人,进而接纳别人与自己。

●重新认识自我,演好个人独特角色

你怎么看自己,看到了什么?

不妨用点儿时间想一想,你常觉得自己很美丽还是更常想到自己不漂亮的一面?

当你能看到自己美好的地方时,你的生活满意度会比较高;因为,知道自己好在哪里,就会充分地发挥,更能付出、贡献、分享,那是一种对自己的喜悦与满足。

相反的,如果只看到自己不甚满意的一面,便会耗费所有的精力,天天与自己的缺点拔河,输了就痛苦自责;日子过得这样不快乐，如何还能保持品质良好的亲子关系？若是不爱自己，便没能力去爱别人；看自己讨厌，看别人也不顺眼。

这世界就像一个大舞台，每个人都会依照自己的个性、资质、机会、偏好去表演；人人都拥有自主权与选择权，不管演什么角色都是独一无二的，他该怎么演也没有一定的标准答案。因此，唯有尊重自己，也尊重他人的独特性，不要把别人视为自己的所有物，或让自己变成某人的附属品，即使对自己的配偶与孩子也一样；即使他们和你很"亲"，但也是不属于"你的"！

所以，当你说你爱丈夫、爱太太、爱孩子时，请先学会多爱自己一点；因为其他人可能都很忙，不会有人时时刻刻注意到你、肯定你或给你掌声，你就是你自己最忠实的支持者，唯有你才能给自己最大的关怀与掌声。

●善待自己有余，疼惜孩子更加有力

首先，你要把自己当成服务对象，跟自己"搏感情"，温柔地对待自己还不能改善的缺点，练习无条件地接纳；像是已逝的歌星邹美仪，便能接纳自己的肥胖，还能娱乐大众，带着幽默来看待自己的不完美。

其次，要多练习和自己的心情起伏相处。就像春夏秋冬四季会开出不同的花朵，每一季的花皆有其特色；只要我们懂得欣赏，必能对上帝创造四季的安排有所体会。

能够诚实而温柔地对待自己的人，对待别人也必能展现优雅的气质与风范,这就是为什么我强调:"人要先学会爱自己,才有余力去爱别人。"如同我们若想以捐款或布施来帮助他人时,必须是自己有多余的财物才办得到,并没办法给别人自己也缺少的东西。

唯有真正和自己的情绪和平相处,才能磨练出灵性的成长;在善待自己有余之后,方能产生疼惜孩子的力量。

(本文根据演讲整理摘录)

亲密而有点距离
——营造和谐的家庭气氛

/黄心怡（青少年心理专家）

当孩子进入青春期，我们要慢慢放手，把该是孩子对自己负责的部分交还给他，不要事事干预，给他空间学习自我管理。

你有多久没有对孩子说"好话"了?有一次演讲,我问现场家长最常对孩子说的一句话是什么?回答"去写功课"的比例最高,其次为"去洗手""今天考得怎么样""把电视关掉""在学校好吗"……

可是,你愈常说的、愈想提醒孩子的,往往反而让孩子想抗拒或是强化了他某些不良的行为习惯。因为语言是有暗示性的,你每天重复跟他说,无疑就是在不断地提醒他——他就是你所担心的那样:不会主动洗手或写功课,一直看电视不念书……

●家要放松,别让人感到沉重

有个孩子曾对我说,他每天都会拖到最后一分钟才在该回家的时间回去;如果比平常早个五分钟到家,还会让他觉得"亏"大了。

我问他为什么不愿早回家,他说:"黄老师,你没去过我家,不能体会我的感觉。"他感觉那个家"乌烟瘴气",一回去好像有很多双眼睛盯着自己瞧;即使他坐在房里,也感到像芒刺在背,如坐针毡,无法安心念书。偶尔从房里走出来五分钟,只是想上厕所、喝杯水,他妈妈就会开始追问:"功课写了吗?"或"书念好了吗?"让他赶快再钻回房间去。

他的话让人很感慨。我们不妨想一想,自己的孩子回到家,是感觉气氛凝重,还是感觉放松、恨不得想赶快回家?

青少年阶段正在慢慢形成自我形象,会透过与他人的互动而建立对自我的看法,这也就是"自信"的建立。自我价值感高的人，他会比较愿意尝试、愿意学习，也会比较主动；而自我价值感低的人，特质则是会比较退缩，裹足不前。

父母每天对孩子说的话，便是在提醒他目前是个什么样的人，未来可能会成为什么样的人。因此，为人父母者千万不可疏忽自己的习惯语言或行为。

●再三提醒，负面暗示就成形

试想，如果一个孩子脾气不太好，他的父亲一天到晚对他说："你的脾气再不改，以后会很糟糕。"妈妈也劝他："你脾气别这么差，否则没人会喜欢你。"加上学校老师提醒他："××同学，你脾气太差了，要自我控制一下。"他的同学也跟着说："你这人脾气火爆，我不要跟你玩。"

请问，身边有这么多人都在"提醒"他，这个孩子的脾气能变好吗？

不会的，只会愈变愈差。父母应该会发现，每次催促孩子动作要快点，非但没有任何效果，孩子反而变得更慢；想叫他帮忙做点家事，总要提醒很多遍。看到他慢条斯理的样子，很多父母都会想："算了，别再叫他了，自己做还比较快！"孩子也就乐得轻松。

有些父母会疑惑地问："叫他快都快不了了，再不叫他，不就会更慢了吗？"

问题的症结就在这里；既然你知道一而再地催他、提醒他都没有用，为何还要一直重复呢？

打通亲子的任督二脉

不如想一想如何对孩子说好话，让他感到回到家时心情愉快一点，念书也比较有效率；而不是老挂着一张臭脸，想到"又要被骂了"，或是被"你不可以怎样怎样"等负面言词包围，心情不断地往下掉——如此一来，家庭气氛怎会好起来？

一定要说好话吗？其实，也不是局限于"好话"。我们不妨这么想：一天中能与孩子相处或者是能讲上话的时间，也许才三五分钟，大都是上班、上学回到家时，彼此当时都很累了。在这么短的时间里，你认为，跟孩子在一起做什么或对他说什么，是你觉得比较有意义的事？

●适度留白，少点压迫更精彩

人与人之间的相处，不论是亲子关系还是两性之间，再亲密也应该要适度地"留白"。就像观赏一幅画，最好的境界就是画中的"留白"；如果画得太满，完全不留一点空隙，那幅画必定让人看起来很有压迫感，不太舒服。亲子关系也是一样，给孩子一点空间，彼此保持一点距离，有时比说什么都更有用。

几年前有一名青少年找我做心理咨询。谈话至傍晚将近结束时，他问我晚上要做什么。那天晚上刚好有一个父母成长团体的课程，我就顺口问他有没有建议，可以给这些父母上什么课。

他竟郑重其事地告诉我："我觉得，你最好教这些父母亲离我们青少年远一点！"我听了当下一愣。后来想想，这句话不但有趣，而且还蛮有道理的。

确实，在青少年这个阶段中，千万不要奢望你和孩子能够更亲密靠近。尤其是原本管教很严格的父母，此时看到孩子离自己愈来愈远了，更容易感到紧张；于是，"怎样让亲子关系更亲密"的话题，总能吸引许多父母的关心。

其实，青春期孩子所渴望的亲子关系，是想与父母保持一定的距离，有需要时才跟父母谈，与小时候那种形影不离的亲密关系有很大的不同。

他不会觉得你每天煮好吃的饭菜给他吃，就表示你们的关系很好；反而认为真正的亲密是：原本礼拜天全家人约好去户外活动，周六晚上有个同学打电话来约他第二天去逛街，你还能同意他选择跟朋友去逛街。

这并不表示你们的亲子关系不够亲密；而是在这个发展阶段中，孩子会比较想拥有个人的空间；在这独立的空间中，他除了念书之外，可以做些自己想做的事，像是听听音乐、与朋友打篮球等。

● **保持距离，不影响亲密关系**

有些父母会担心，和孩子之间的对话这么少，平时又没有太多时间讲话，会不会影响亲子关系呢？所以一逮到机会，看到孩子写完功课，正在看电视或上网，就赶快坐在他旁边有一搭没一搭地跟他聊；这反而让孩子觉得好不容易有个休息时间，耳根子还不得清净，未必感谢你的"苦心"。

这时，父母最好的做法其实是不要干扰他，只要在旁边照常做你自己的事；这对孩子来说就是最理想的家庭生活了。

有一天，当孩子说不想跟你出去吃饭，或是原本计划全家一起出门、他却想一个人留在家里，你也不需要太在意或担心会失去这个孩子；这只是青少年发展阶段中的一个过渡现象，并不是永久的"定型"。

习惯对孩子叨念的父母，到了这时期势必要有所调整；否则，讲出来的话很容易被孩子当"耳边风"，甚至变成"背景音乐"，置若罔闻，这才是危险的。

因此，如果你的孩子还愿意跟你出去吃饭，那真是值得珍惜的。我们若想要继续维持这种良好的亲子互动，吃饭时最好不要刻意讲太多话，尤其是不要让他感觉像批斗大会一样，不能好好吃个饭，下次大概就敬而远之，不愿再参加家庭活动了。

●亲子互动，常出新招更管用

在亲子互动中，我们不单要了解该怎么对待青春期的孩子，包括跟他说什么、做什么；同时也要思考，这些言行对孩子是否有意义？

例如，有个孩子回家时间比平常晚，进了门什么都没说，却摆着一张臭脸直接走回房间去；父母看了非常生气，冲进房里骂："你这什么态度？晚回家也不打个电话？"噼里啪啦地说了他一顿。下一次，孩子还是照样晚回家却不打电话。相同的戏码就一直在他家重复上演着。

我问他："犯了错难道不会觉得不好意思吗？"

他说："会！"

"那为何不对父母解释或道歉,却直接走回房间呢?"

他的回答真令人莞尔,他说:"反正他们一定会追进来问!"

在孩子的逻辑中,父母要骂就让他们骂;等他们发完脾气,双方就扯平了。所以,他也不会反省自己的行为对不对、该怎么做比较好。

假如你也碰到相同的困境,每次都是"追进去,骂一骂",情绪发泄完了,问题却没有解决;那么,我建议你赶快换一个方式,不要再追进去,这样做完全没有意义。骂完之后,亲子双方都不愉快,孩子也不会从中获得任何成长,反而是做父母的你感到挫折。

有个学生曾告诉我,他妈妈自从上了一些成长课程后,改变了很多;以前总爱追进房间对他唠叨不休,后来都不会了。有一次他犯了错,赌气回到房间,待了好长一段时间却不见任何动静,到了吃晚饭时也没人叫他。这下子他反而觉得怪怪的,不敢再跟父母怄气了,赶快自动自发做好该做的事。

可见,亲子互动的方式并不是一成不变的。如果你的方法已经"老套"了——还没有开始,孩子就知道你准备说什么、下一步会做什么,他就好整以暇地等你一样样拿出来"演";这样的互动,其实只是消耗双方的能量,对亲子关系的改善一点助益也没有。

● 事事操控,孩子就愈不想动

亲子关系就像玩跷跷板;当有一方施力较多时,另一方就

可以轻轻松松地坐着,完全不花一点力气。同样的,父母做得愈多,孩子也就愈容易变懒,变得不想动;他不会意识到父母到底在"唠叨"什么,这些"苦口婆心"的话跟他有什么关系。

毕竟,逃避压力、光说不练、缺乏反省的能力,都是青春期孩子常出现的特质。在"转大人"的过程中,有些孩子是一遇压力就快速闪开,摆出一副事不关己的模样;有些孩子则是一直压抑在心里,不知怎么排解,最后得了抑郁症。

青少年常说"等一下、等一下"或"我知道、我知道",可是光说不练,行动和想法常有很大的落差;你会发现,他们往往话说得很多,可是真正付诸实行的很少。

有些孩子被问到将来想做什么,他们就耸耸肩:"去问我爸妈好了。"因为,将来怎么样,反正爸妈都会帮他安排好,他们无所谓,只要照着做就是了。这样的孩子,脑袋空空的,什么都不想,到底自己要做什么比较好都不知道,你叫他对自己负责,可能吗?

有学生告诉我,他月考成绩退步了五名,他妈妈就哭得很伤心;他觉得很奇怪:"是我考坏又不是她考坏了,她哭个什么劲儿呢?"这就是青少年,典型的一切以自我为中心;如果你不了解青少年的特质,就无法轻松地与他们相处。

● **慢慢放手,让孩子学习负责**

一个有"觉知"的父母,第一件要学习的是有"停下来"的智慧。对孩子没有用的方法,能不能停下来?对亲子关系有损伤的责备和辱骂,能不能停下来?这些都是我们自己的功课,不是孩子的功课;假如连你都停不下来,怎能教导孩子学习自我控制呢?

停下来,不再说什么,让孩子自己去想:"为什么要改变?""为什么这么做比较好?"这是一种"反思"的能力;即使他的行为在短时间内看不出有多大的改变,但至少那种影响彼此的负面能量会减少很多,这才是最重要的。

当孩子进入青春期,我们要慢慢放手,把该是孩子对自己负责的部分交还给他,不要事事干预,给他空间学习自我管理。在有限的亲子相处时间内,找些对彼此更有意义的事来做,而不是一看到他就想叮咛他、提醒他,或是催促他,好像每天都在赶时间一样,叫他做这个、做那个,双方都会因此觉得很累。

关心他、陪伴他,不需要长篇大论,只要多一点耐心等待,孩子总有一天会走过青春期。这段时间的缓慢摸索,终将培养出他对自己负责的能力,也是他迈向成年的最大人格资产。

(本文根据演讲整理摘录)

"爱心"为何变成"害心"?
——解开教养的迷思

/ 马信行（台湾政治大学教育系退休教授）

现在把孩子教到不需要为他烦恼，你以后就不必再为了孩子劳心劳力了！毕竟，我们无法陪孩子一辈子，不要剥夺孩子练习解决问题的机会。

打通亲子的任督二脉

每天傍晚时分，总会看到很多人在户外遛狗，我心里就想："这些人为什么肯花很多时间遛狗，却不愿意去陪陪老人家呢？"孩子大了或结了婚往往就搬出去独立，往往一年才回家看父母一次；有时甚至忙得没有时间回家，将年迈父母奉献一生照顾自己的恩情抛诸脑后；还有弃养老人的情形，电视上也常报导。让人不禁感叹，养儿育女大半辈子，到底是为了什么？

● **想养儿防老，不如把孩子教好**

在以前，还会有人说："我教小孩是为了以后要靠他吃饭。"但是现在，我们却要呼吁大家重视："如何教下一代喜欢跟父母住在一起。"孩子为何不喜欢跟父母同住？首先我们必须承认，人都是自私的，要让孩子喜欢跟你住，你得提出一个能够让他愿意的理由。

人活在世上就有种种个人的需要，需要靠着与人互动来交换；这在社会学观点中，就叫做"交换理论"。这套交换理论，是建立在人性自私的基础上。例如，学生努力读书、参加升学考试，到最后顺利取得大学文凭，这也是一种"交换"——希望用自己的努力和能力去换得文凭，以便将来毕业外出谋职，能够凭着这张文凭去换取较理想的工作。

在职场上，你用自己的能力和工作表现来换取薪水；而工作单位用所付的薪水满足你，以换取它所需要的运作及成长。这样的交换，是民主社会的常态，也是社会进步的根本。

当这个社会人人都要凭着"交换理论"来互取所需时，都

"爱心"为何变成"害心"?——解开教养的迷思

必须要懂得照顾自己、满足自己的需要。因此,每个人都将所有的时间和计划安排在满足自己所需的活动上,这就是人性。承认"人是自私的"以后,如何利用"自私"来使社会进化,才是教育的出发点。

整个社会的人口结构都在老化,一个年轻人日后平均要养三个老年人,你的老年年金其实是从下一代的所得税中而来。每个人退休以后,已不仅仅是靠自己的儿女奉养着,同时也得靠别人的孩子来分担照顾。

所以,把下一代的教育办好,对我们这一代的意义远大于传统的"养儿防老"观念,是要对整个社会负起责任来的。

● 与儿女同住,不干涉他的家务

一位住在桃园的老太太,先生很早就去世了,留下一幢楼房给她;楼下三层租给别人,一个月也有四五万元的收入。老太太每个月轮流住在两个孩子家,单月由老大照顾,双月就轮到老二奉养。

有一次轮到老太太去住老二家,可是老二家迟迟没有人来接;大媳妇按捺不住,打了通电话给二媳妇说:"这个月轮你们了,怎么还不来接呀?"二媳妇说:"对不起,这个月生意比较忙,我弄好马上就去接。"大媳妇埋怨说:"每次都这样!"然后生气地把电话挂断。老太太听了心里很难过,好像自己是个垃圾,一个希望她赶快走,另一个却希望她慢点到。

她想来想去,觉得这样不是办法;于是,每个月临走时,

总会塞两万五千元给媳妇,反正那些钱她死后也带不走;如果媳妇对她孝顺一点,她还会再多给个五千元。后来,她跟早上一起散步的老朋友说:"儿媳对我好孝顺啊!还说下星期要带我去游乐园玩耶!"这就是一种交换。老太太说:"年轻人打拼很辛苦,菜钱都由我来出没关系,我付得起呀!"

要知道,年轻人为何宁可花很多时间照顾狗,却不愿与父母同住?因为狗不会干涉他家的内政,而老人家却会;就算孩子已经三四十岁了,在父母眼中也永远是孩子。

因此,当你有机会跟孩子一起住的时候,请记住"三不管"。第一,"家事不要管";第二,"孙子不要管"——媳妇管教孩子时,老人家最好睁只眼闭只眼,不要插手比较好;第三,"夫妻吵架不要管"。总之,你能够享福就好了,媳妇如果没煮饭就到外面吃吧!有人付菜钱又不干涉他们的内政,儿女当然喜欢与你同住啊!

● "爱心"变"害心",都是父母错用心

我们这一代,在社会学上其实是最被挤压的一代。小时候常听老师耳提面命地提醒我们"如何孝顺父母",现在整个社会却都在谈"如何关怀子女";让身处夹缝中的我们这一代不禁深感疑惑,教育的目的究竟是什么?自己该如何扮演为人父母的角色?

有一次,我参加高中同学会,一个女同学聊到她每天都要陪孩子去补习,回来还要伴读到十二点。我问她:"那你的孩子

成绩是否越来越糟、越来越退步？"

她很惊讶地说："你怎么知道？"

这个道理其实很简单，我问她："你的国文、英文程度有比老师好吗？"

她说："当然没有呀！"

这就是了！父母的程度并不比老师高，却每天将孩子教到十二点才上床，孩子第二天上课时难道不会打瞌睡吗？

她辩驳说："我这样子陪他，是希望他能够体会到父母的爱心呀！"我说："孩子未必能体会到你的爱心，但我却可以体会到你的'害心'。"即使父母是基于爱心，但方法若是错的，反而是害了孩子。

关心孩子的学业，其实你并不需要亲自教导；在家里，家长可以做的就是督促孩子把作业做好。有些父母担忧，自己的孩子只爱游泳，什么都不会；或是除了美术外，什么都没兴趣……遇到这种情形时该怎么办呢？其实，像美国拳王阿里小时候，在学校的分数从来没有出现过两位数，却光靠打拳就成了世界最有名的拳王。

如果孩子不爱读书，也没有其他的专长，这才是真正令人烦恼的事。此时，应该赶快培养他发展专长，要求他至少要把自己的作业做好；当他做到以后就给他一定的奖励，比如给他喜欢吃的东西，或是给零用钱，或同意他看一下电视。如此慢慢带领他养成好习惯，他在家主动写作业的欲望就会增强，这就是"增强原理"。

打通亲子的任督二脉

●以有效奖赏，让良好习惯加强

为人父母者，总是想知道怎样去改变孩子，让他多听父母师长的话？怎样才是所谓的"教导有方"？其实，从孩子小的时候，看妈妈怎样哄小孩就已经开始了。婴孩哭的原因很可能是因为肚子饿了、尿片湿了或是衣服太少，也有可能只是想要妈妈抱一抱。

有一个实验分成两组：其中的一组婴儿哭时，妈妈就去摸摸他；如果尿片没有湿且刚吃饱，只是要妈妈抱，就让婴儿哭到累，等到不哭的时候才抱起。第二组的孩子一哭，妈妈马上抱起。结果，第一组比较不爱哭。

还有一个实验是：其中一组的孩子跌倒了，妈妈马上跑过去扶他、安慰他，这样的孩子比较爱哭。另一组则是孩子跌倒了，妈妈并没有跑过去，反而对孩子说："跌倒了要自己爬起来啊！"当孩子爬起来，向妈妈哭诉跌伤的地方疼痛时，妈妈则说："好勇敢！勇敢的小孩不哭啊！"这组的孩子之后跌倒了会自己爬起来，并且比较不爱哭。

在孩子还小、还没有建立行为标准时，都是以"习惯"为原则。什么叫做"习惯"呢？就是当他发觉，只要做出某些动作就可以获得想要的东西、满足自己的需要，这种行为的出现几率就会提高；时日一久，便内化成他的习惯或是他与人互动的方式。

曾有人对幼儿园小朋友做过一项实验：一组孩子固定每星

期一发五十枚代币,每一枚代币可以到游戏间玩游戏一次;另一组则是将代币放在老师那里,只要上课认真听讲,就会获得代币。一个月以后对照,固定发代币的那一班,上课秩序很乱;以奖赏方式发代币的这一班秩序好,老师走到哪,孩子的目光就跟到哪。由此我们可以看出,同样是发代币给小孩,用的方法不一样,效果就有很大的不同。

● 管教有妙法,过与不及都偏差

正向的鼓励,可以教出正向的行为;同样的,过度溺爱或变相的鼓励,也会助长负面行为。例如,孩子数学考了一百分,老师特意当着孩子的面,向家长夸他有数学天分;学生此时会把老师这句话内化到心中,认为自己是数学天才,这孩子可能因此对数学产生更大的兴趣。

好的标签可以多加使用。但很多时候,父母或老师对孩子不好的表现会有立即性的指责;这些指责性的言语,就像是贴上坏的标签,会让孩子产生负面的自我认同,行为反而朝更不好的方向走。

例如,孩子不喜欢整理房间,妈妈很生气地说:"你这里像猪窝,你是猪啊!"当有"像猪窝"的事实时,妈妈又再贴上"像猪"的标签,孩子就会内化,认为自己反正是猪,住猪窝又何妨?因此,面对孩子出现不良行为时,要小心不要随便贴上"坏的标签",以免使他形成"我就是这个样子"的想法,便不会想去改善了。

有一个奶奶很疼孙子；据说是因为以前对儿子管教太过严厉，打得很凶，结果孩子长大了很少回家，所以现在对唯一的孙子便十分溺爱。可是，这个孙子从小就爱跟一班不良少年鬼混，每天混到很晚才回家；只要他一回家，奶奶就说："孙呀！你怎么玩到这么晚，太晚回来奶奶会担心哪！下次早点回来吧！我现在去煮猪脚面线给你吃！"

只是，这样的慈爱反而增强了孩子晚归的动机；孩子晚归回来还有猪脚面线可吃，无形中好像鼓励他继续在外游荡。由此可知，父母对子女的管教态度不当，往往会使原来的爱心变"害心"。

●吃苦当吃补，别怕孩子犯错误

有些孩子上学时很容易忘记带东西，妈妈就得一下子为他送便当，一下子为他送雨伞。也许很多人会认为这样的妈妈很有爱心；但结果是，在妈妈的支持下，这个孩子就算本来不懒散也都会变得很懒散了，因为妈妈总会代为处理他忘记的事情。

有个妈妈曾对我说："以前一碰到状况，我总担心：孩子下雨天不带伞，会不会淋到雨？没有带便当，中午会不会挨饿？"但她耐住性子，先观察一阵子，看孩子会怎么处理——没有带伞时，是请同学送他一程，还是自己淋一下雨？没有带便当，是跟别人先借点钱买午餐，第二天再还，还是自己走回家吃？

后来发现，孩子回来时好好的，也没淋到什么雨；让她在欣慰之余，难免有点怅然若失。我对这个妈妈说："孩子总要长大;看到他的判断能力比你强,你应该感到开心,而不是失落才对。"让孩子受些教训,以后出门或许就会认真想想自己的东西带齐全了没有,养成谨慎的好习惯。

换言之,现在把孩子教到不需要为他烦恼,你以后就不必再为了孩子劳心劳力了!毕竟,我们无法陪孩子一辈子,不要剥夺孩子练习解决问题的机会。当他的需求与别人的利益发生冲突的时候,他要了解怎么样和人周旋;如果你事事都帮他安排好,养成孩子的依赖性,他以后不管走到哪里,都会碰到相同的问题,永远学不会如何与人谈判,如何去制订一个游戏规则,来化解人我之间的利害冲突。

只要不会造成永久性的伤害事件,做父母的不妨放手让孩子去尝试,看他们如何解决自己的问题;即使受到伤害或犯错,他们的复原力也是很强的。有的家长一看到孩子在学校里被别人打得鼻青脸肿,就激动得马上跑去学校找校长、导师出面解释;这样一来,就等于剥夺了孩子自己解决事情的机会与能力。

●适时的鼓励,可激发主动积极

由上可知,每个孩子在成长过程中的表现,和父母的鼓励有很大关系。这种鼓励有时并非来自直接的奖赏,而是当他发现,自己做出哪些行为可以换得需求的满足时,这种行为的出现几率就会升高。所以,爱心并不是唯一爱孩子的方法;如果你不知道要在什么关键时刻去运用它时,太多的爱心反而会变成"害心"。

打通亲子的任督二脉

做父母的大多数都会在心里想："只要孩子能变好，我什么都愿意答应他。"那么，第一件事就请你先把他的零用钱扣起来，等到他有好的表现时才给他。你可以衡量自己一星期能提供多少零用钱，以此为基数；当孩子向你要求零用或买什么东西时，你先记起来，不要马上给，等到他表现好时才给他。让孩子用表现来获得零用钱，比较容易养成他主动积极的态度；跟固定拿到零用钱相比，他的感受是不一样的。

"孩子，我要你比我强"并不是一句广告词，而是真真实实地存在于我们整个社会价值观中。今天的外在环境是充满竞争性的；民主社会的进化，一定要通过"机会均等，公平竞争"来实现；如果你的孩子不够强，将来要怎样跟别人竞争呢？期许我们能教养出有能力"竞争"而不是"斗争"的孩子，让社会不断地向前走，不断进步。

（本文根据演讲整理摘录）

亲情是天长地久的
——用3Q创造双赢

/陈龙安（实践大学企业管理系教授，台湾教师专业发展学会理事长）

曾有个学生告诉我，他从初中开始就跟父亲形同陌路。当时他的成绩不好，父亲对他说了一句重话……从此以后，他很少在家。

打通亲子的任督二脉

你骂孩子是笨蛋，他在你面前就会一直展现出笨蛋的样子；你骂他笨得像猪，没多久你就会觉得他的臀部摇啊摇的，愈看愈像猪，真是所谓的"心想事成"。反之，如果你鼓励他朝好的方向发展，告诉他："孩子，你就像我们家的设计师，把家中设计得真好。"孩子就会成为你期望的设计师。这也是另一种"心想事成、美梦成真"的故事。

● **鼓励优点，就会努力实现**

每个人都会朝着受到鼓励的方向发展，这是人性"向上"及"向善"的本能；我们在期待孩子的同时，应该保持敏感与关心，去察觉孩子的长处，挖掘他们的优点。就像太极图一般黑中有白；但有些人只看到黑点，也就是只看到孩子的缺点，却看不到孩子的优点，结果就完全不同了。

曾有个学生告诉我，他从初中开始就跟父亲形同陌路。当时他的成绩不好，父亲对他说了一句重话："我们全家以你为耻！"这句话对他的打击很大，他干脆放弃了读书。联考落榜后，荒废了三年时间到处游荡及补习，好不容易才考上一所高中。从此以后，他很少在家。

现在他念大四了。有一回清明节他回家时，他妈妈叫他跟父亲一起去扫墓；他不甘不愿地跟着父亲去墓地除草，父子二人工作了一个下午。到了快结束时，父亲突然温和地对他说："还好今天有你帮忙，这件事很快就做好了。"

他猛然一抬头，看到满头白发的父亲走在前面，心头一痛，忍不住说:"爸爸当心!"那一刻,父子俩冰冻多年的心结解开了。

这个例子让我感触良深。这就是我常强调的,不管发生什么事,做父母的要先"保住"孩子;因为亲情是天长地久的,不要只为了孩子看电视,就一巴掌打下去;也不能只因为他们做错一件事,就觉得罪不可赦。也不要常否定孩子的表现,或干涉孩子的自由或兴趣;当父母有否定孩子的表现时,孩子内心就会形成一堵拒绝或叛逆的墙,而懒得跟父母沟通。

当孩子小时,他们的世界只有爸爸妈妈;上了初中以后,却经常是同学第一、老师第二,父母的排位越来越靠后,甚至被排除在外。所以,亲子之间若不能从小建立良好的沟通互动,在孩子升上初中、同侪影响力比较大时,就不容易拉回来了。

所以,心愿可以创造奇迹,你如何期待孩子,便能美梦成真。家庭经营与亲子关系的学问,全部都在这里;多看孩子的优点,别因孩子的一点小错而生气抓狂,那会伤害亲子关系。

●启发3Q,做个3Q的父母

No Love,No Education——没有爱就没有教养,爱就是心中有菩萨,心中有父母,心中有对方……

一个心中有爱的孩子,绝对不会让父母失望;因为他心中有爱,在家中能孝顺父母,在学校能敬爱师长,出了社会更能尊重他人。这种爱心,可以说是"感恩心",也就是集IQ、EQ、CQ三者于一身,发展而成QQQ,也就是3Q(Thank you)——

感恩心。不管孩子处在什么阶段,只要心中有爱,任何问题皆可迎刃而解;因此,为人父母者要懂得启发孩子的3Q,并做个3Q的父母。

如何做个3Q的父母呢?我们知道,IQ是指智力商数,EQ是指情绪商数,CQ则是指创造力商数;而更重要的是QQQ(韧性、毅力、弹性、永不放弃),也就是3Q(感恩心)。至于开启3Q的钥匙,答案则在一个"悟"字;"悟"就是"化知为智",把知识化为智慧,心中对人常存感恩。

比方说,父母与孩子相处不如意时不妨想想,他们虽然有时会惹人生气并折磨人,却也带来很多快乐,让父母有成长的机会;如此一想,心中便会存着感激,亲子问题也能改善很多。

如果我们没有找到问题的症结,历史就会一直重演。例如,有一位父亲,每次孩子做错事时都会动怒并修理他。有一天,他看见儿子在客厅打篮球,便上前警告他不可以在客厅打球,否则会打破杯子;没多久,儿子果然把杯子打破了,父亲立即上前打他一顿。类似这样的历史不断重演。如果你能跟孩子商量:"在客厅打球会发生什么事""怎样在客厅打篮球而不会把东西打破"……情形就会改观了。一个3Q的父母,应该拥有智慧、慈悲和创意,才不会被同一块石头绊倒两次。

● 创造双赢,别一再紧迫盯人

其实,对父母来说,教养这条路不管有多么崎岖或坎坷,只要我们别把所有的重心都放在孩子的成绩上,只知"万事唯有读书好,百般莫如成绩高",就能平顺走过;否则,不幸者便产生许多挫折,父母和孩子之间的心结也会愈结愈深。

曾有一位妈妈对我说,孩子做功课都要人盯着才会做完;因此,她每天都得等孩子做完功课,才能去洗碗及洗衣服;如此忙到半夜一两点钟才上床睡觉,第二天上班时便没精神。没想到,她累成这样,非但孩子不领情,先生也不感激。她埋怨:"陈教授,我已感到精疲力竭,整个人快烧掉了!"

问题究竟出在哪里呢?

我问她:"当你在旁边陪孩子做功课时,他高兴吗?"这位妈妈说"不"。我便建议她,回去后不妨跟孩子商量一下,问他哪些功课可以自己一个人做,哪些需要人帮忙,让他自己好好想一想。她照我的建议做了,儿子却告诉她:"我做功课根本不需要人陪,你去忙你的吧!"让她大感意外,也放下心来。想到自己过去像一支蜡烛两头烧,弄得里外不是人,又吃力不讨好,真是何苦来哉!

从此以后,她只在检查孩子功课时在作业簿上签名,不再干预孩子念书的方法;直到段考后,她收到成绩单一看:"糟糕,成绩怎么退步这么多?"以前盯着时成绩还好,一旦不盯了,成绩就直线往下掉,让她有点怀疑是否放手太快了。孩子却对她说:"以前的成绩都是妈妈逼出来的,这次考八十五分,是我自己努力得来的!"听到孩子这样说,这位妈妈才恍然大悟。后来,她的孩子成绩也真的愈来愈进步,让妈妈更加放心。

可见,给孩子机会,就是给自己机会;给孩子空间,就是

给自己时间。有智慧的父母若能抱着"你称心,他如意"的双赢策略,就能把亲子关系处理得很好了。

● **改变心态,家庭气氛乐融融**

有人说父母难为,相信很多人都有类似的感受。有时候,父母难为是因为孩子在长大,在学习,而我们没有跟着学习及改变,彼此的差距愈来愈大。

有个朋友告诉我,他们家常常为了看电视吵架;后来全家协调,只要一看完电视客厅就熄灯,全家人到书房,爸爸改作业,妈妈把家事带进去做;两个孩子因为心无旁骛,功课一下子就做完了,还有时间可以多读点书。刚开始,孩子可能心不甘、情不愿;但只要父母陪同示范,时间一久,他们就渐渐习惯了。不管你用任何方法,只要能让孩子心甘情愿,你就成功了!

人与人之间就像互照镜子,你怎么对待别人,别人就怎么对待你;所以,我们应设法改变自己的态度,让自己的观念及想法更正向、积极。如此一来,处于人生低潮时,只要熬得过去,自然就会熬出头,并化险为夷、转危为安,人生也会峰回路转、否极泰来。

不要一直企图改变孩子,有时候我们必须先改变自己。我们往往可以发现,家中有这么一个人:当他在家时,全家人就鸡犬不宁;而当他不在家,家人却觉得很快乐……小心,这个人很可能就是你自己!

回过头来想,每个孩子都是不一样的,他长得怎样,他的智力如何,其实一生下来就已经决定了一半以上;另外一半是好是坏,要怎么调整、怎么改变,就全靠父母了。所以,求人不如求己,改变命运最重要的是改变心情。

● 心存感恩,常保家和万事兴

3Q的父母便是智慧、慈悲和创意三者的综合体——有智慧便能设法了解问题的症结,有慈悲心待人常存温柔,有创意的人则会想办法化解僵局。比如,先生看到太太打破盘子,脱口而出:"你真不小心!上次才摔坏一个,现在又来了!"听起来多没有爱心、智慧及创意啊!太太听了,心里怎么会舒服呢?

反之,先生若说:"啊!有没有伤到脚?你去拿抹布,我来捡碎片,改天我再陪你去买新的!"这么一来,冲突自然就消弭于无形,历史也不会一直在"犯错—责怪—僵局"中不断重演了。

同样地,对孩子也是如此。我们要是能通过自己的智慧、爱心及创造力来做转换的功夫,把三种力量一齐使出来,就能开启3Q的大门,让自己常常心存感恩,也能教孩子待人心存感恩;如此一来,任何困扰与苦恼将会远离你。

理论讲得再多都没有用,努力实践才是最重要的。今天我们既然生下孩子,就有责任去扮演好父母的角色;不论读书、听现场演讲或是CD,只要有心学习,就能成功。一句话、一件事,都能让人心有所感、有所领悟,进而产生一种力量。

尽管人生处处有危机，却也处处是转机；如何找出生机、掌握转机，便是我们要努力的方向。所谓"家和万事兴"，要让家中像桃花源一般，而不是成为枷锁的"枷"，就得靠平时的用心经营："父母同心，力敌万钧""父母失调，死路一条。"

总之，我们要学习成为3Q的父母，为孩子们打开一扇心窗；我们今天是孩子的守护神，孩子明天就会是我们的贵人。要当成功的父母，第一是做，第二是做，第三还是做！做了总比没做好。今天你一点一滴地做，明天就不会有所后悔，人生也会过得更快乐！

（本文根据演讲整理摘录）

提高EQ
——聪明走出情绪盲点

/林文瑛（佛光大学心理学系教授暨教学资源中心主任）

所谓的EQ，强调的是情绪的表达和理解；也就是说，父母除了要教孩子了解自己的情绪来源之外，还要教他适当地表达自己的情绪。

自从丹尼尔·高曼（Daniel Goleman）所著的《EQ》在台湾热卖五十万本以后，"如何提高 EQ"已在不知不觉中成为人们关注的课题。

但是，EQ 是可以被教导的吗？当我们说一个人的 EQ 很高时，似乎是表示这个人十分善于控制情绪，既不会随便发怒，也不随便表达个人的感觉；根据这样的说法，我们岂不是教人不问青红皂白，一味拼命地自我克制、自我压抑，对自己不赞成的事也虚伪地说一些客气与逢迎的话。这样的好好先生，EQ 便比较高吗？当然不是这样。

● 纾解情绪，引导他思考问题

所谓的"提高 EQ"，并不是笑骂由人的乡愿，而是教人在适当的时候、适当的场合，以适当的方式表现自己的情感；并非一味隐忍，为了顾全表面的人际和谐而隐藏自己真正的情感，甚至对于有违社会正义的事情还睁一只眼闭一只眼，乃至扭曲自我的价值观，只求息事宁人。

若从这个角度来谈如何提高 EQ，我们首先必须了解人的情绪是怎样形成的，才能找出适当的方式来表现它，而不是一味地压抑克制。

情绪包含两个部分：一是对于对方情绪的理解，另一方面是对自己感觉的理解。前者是指"感同身受"的同理心；像是有些小孩子看到别的小孩在哭，他也会跟着哭起来，这种感同身受的心理可说是人与生俱来的。

经过岁月洗礼和人事磨练,同理心会更加细致、成熟。比方说,有人失恋了,他说:"没关系,我一点都不在意。"但他的眼角却泛着泪光,听的人就知道他心里很难受,这就是一种同理心。当我们能够以同理心体会别人的感受时,就会用比较恰当的方式去对待别人,这就是一种EQ。

小孩子通常会直接把情绪写在脸上,让人很容易觉察到他们的内心感受。因此,他们需要一个能够真实表达情绪的对象,让他难过时知道可以向谁倾诉;而这个人在他表达之后,能够引导他去思考一些问题,让他得到合理的情绪纾解,进而学会控制自己的情绪。

● 冲动闹事,应学会自我克制

EQ的另外一部分是我们要了解自己的感觉;因为,当自己的情绪上来时,我们自己的真正想法,常会被当下的愤怒掩盖,忘了自己究竟在生什么气?好比有时候,我们听到别人说了一些刺耳的话,感到很不愉快;如果你能克制一下,等对方把话说完,知道他真正的意思以后,再看自己应不应该只为他的措辞不当生气,这就是自我克制。

自我克制对大人来说很重要,对小孩更为重要。曾经有心理学实验证明,比较懂得自我克制的小孩子,日后的偏差行为比较少;反之,容易冲动而情绪化的小孩,比较容易出现偏差行为。

青少年血气方刚、容易冲动,常一时情绪化地做了某些事,

打通亲子的任督二脉

而造成无法挽回的后果。我们买了一双新鞋时,刚开始都会很爱惜它;可是,一旦弄脏了,就会觉得反正已经脏了,再脏一点也无所谓。青少年做错事,有时后果一发不可收拾,就是跟弄脏鞋同样的道理。

所以,我们平日在亲子互动过程中,应让孩子学会如何自我克制;包括几点钟玩电动玩具、几点钟看电视,他都必须规范自己;在做完功课或其他应做的事情之后,才可以去做自己想做的事情。

● **自主学习,应给予尊重鼓励**

当孩子没有办法好好地自我规划时,父母有责任引导他,而不是以处罚来强制要求他。比如,你可以跟孩子约定,他必须在七点以前把功课做好才能看电视,让他有机会安排自己的时间。

刚开始,他可能在七点钟时功课只做了一半,就吵着要看电视;你要有耐心,明天照样用同样的方式,看看孩子有没有进步。如果他电视只看了一半,便回去把功课做完,你应该给他更大的鼓励,像是准许他多看半小时电视。对孩子来说,这是个意外的惊喜,意味他只要能够掌握自己的时间,就可以换得更多的自主,这跟父母的强制要求是不一样的。

曾有一位家长告诉我,他的孩子目前就读初中,每天晚上都要花将近一小时的时间上厕所;不论父母怎么催,希望他早点上床睡觉,他仍要拖到十一二点才会去睡。长期下来,真令人担心影响到他的发育。

我女儿也是一样,每次洗澡都要洗上一个小时,让人很不理解;我便跟她一起洗澡,看她到底在做什么。结果我发现,母女共浴时是我们最快乐的时间;女儿喜欢边洗边唱歌,并告诉我她在学校发生的一些事情,还有她看过的电影等。在里面我们可以非常自在地放松自己,十分快乐。

反观孩子上厕所的问题,在这一小时里面,可能他并不是所有时间都在上厕所,他可能在看书,在做白日梦……在那段时间里,他可以享受完全的放松、不受干扰。如果妈妈只是担心他晚睡,不妨建议他把这段私人时间提前,或是帮他找其他比厕所更好的地方,给他一个可以独处而不受打扰的私人空间。

●表达情绪,影响别人就不宜

讲到所谓的 EQ,我们强调的是情绪的表达和理解;也就是说,我们除了要教他了解自己的情绪来源之外,还要教他适当地表达自己的情绪。比如说,有些孩子跟同学讲电话时眉飞色舞,一放下电话,妈妈问他:"你们在聊什么呀?"他就拉下脸来说:"没什么!"再问他:"不开心吗?"他说:"没有呀!"可是他的脸明明就很臭……

亲子之间,往往就因为这种行为与认知上的差距,弄到自己生闷气,对方还觉得莫名其妙。记得有一次,小孩问我:"妈妈,你看起来好像不高兴。"我说:"没有呀!"然而,我去照镜子时,发现自己确实一副心事重重的样子。其实,我只不过在

想些事情，却让人以为我在生气。

这时我才知道，即使是面部表情，我们都必须顾及旁人的感受；在教导孩子时，我们也要让他知道，他的脸部表情会影响到别人的情绪解读。

女儿念初中时，学校常有一些穿着奇特的"大哥大"或"大姊大"，装扮和行径十分惹人侧目。有一次，女儿和她同学只是看了他们一眼，就有一个大姊大冲过来，瞪着他们说："看什么看！"一副要揍人的样子，把她的同学吓坏了；幸好我女儿马上说："喂！你这是干什么？她刚刚还说你长得好漂亮哩！"那个大姊大脸色才缓和下来，悻悻地走开。

我听完后开玩笑对女儿说："你好虚伪啊！"她很不服气地说："你为什么不说我好机警呢？"可见，对于同一件事情，看的人角度不同，认知上就有很大的差异。同样是"看"，可以解读成因奇装异服而看，或是不屑地看，也可以是赞美地看，解读的关键就在于健全的自我概念所带来的自我克制；往往只要念头一转，就能扭转负面情绪，何乐而不为呢？

●提高 EQ，家庭最是关键处

在我们想引导孩子了解自己的情绪并能用同理心去体谅别人的情绪时，不要忘记，孩子终究只是孩子，他们在情绪上来时，多数只想到自己，可能还没有办法推想别人会不会受到自己的情绪起伏所影响。

换言之，当我们谈到情绪的时候，很大的一部分是跟"判断""认知"以及"思考"有关，不能要求小孩处处都能站在成人的角度思考问题，甚至考虑父母的处境，但我们可以做到两件事——

第一，扮演客观的分析者：了解孩子如何处理自己的情绪，倾听他的心情，提高他对情绪的认知能力。毕竟，跟父母相比，孩子的人生经验较少，对人性的认知也很有限，需要我们帮他厘清各种行为背后所代表的意义，不必一直陷在情绪化的错误认知当中。

第二，做孩子模仿的对象：让孩子从我们身上看到父母如何处理冲突和情绪，让孩子通过模仿来学习如何表达自己的情绪；也通过模仿了解成年人怎样处理自己的情绪，如何建立恰当的人际互动关系。

由此我们可以了解，EQ 是可以教导的。若是希望孩子的情绪有比较健全、正向的发展，父母就得挑起教育者的责任，而家庭气氛就是帮助孩子学习的重要关键。

（本文根据演讲整理摘录）

尊重、了解、关心他
——认识青春期的孩子

/吴澄波（新北市家庭教育咨询委员会委员）

> 我们要具体地帮助孩子做生涯规划，让他更加了解自己及身处的社会，进而选择一条适合自己的路，奠定迈向成年社会、获得良好发展的基础。

打通亲子的任督二脉

有人说,青少年阶段的孩子正处于"狂飙时期",因为他们在这段时间里要从一个乳臭未干的毛头孩子,转变为成熟的大人;可想而知,身心各方面都会面临很大的改变。这种成长的压力,会给孩子们带来许多困扰,也会影响亲子互动。

● **多方肯定,让孩子发挥潜能**

我曾在新闻中读到,屏东有两个小学六年级音乐资优班的学生,趁校外教学时离家出走,跑到台北想找工作;家长以为孩子被绑架了,动员警方大力寻找,还好找到了。这两个孩子平安回家之后,大家问他们为什么要离家,他们说因为课业压力太大了。

他们既是资优班的学生,程度应该不算差,为何会觉得课业压力大呢?最后才知道,是因为家长的要求太高了,时常拿他们跟兄姊比较;显然他们的兄姊都很杰出,相较之下,他们就相对显得不够好。这则新闻令我读来感触许多。

我们都知道,"功课好"并不是人生的全部。父母如果只用"成绩"这单一标准来衡量孩子,导致孩子认为功课好才有活着的价值,万一他们的功课不好怎么办?又万一,他们到了长大以后才发现,除了功课好之外,自己其他的事情都掌握不住,又该怎么办?

所以人家说:"不要把全部的鸡蛋放在同一个篮子里",以免篮子不小心打翻,鸡蛋就全部摔破了,风险实在太高。我们应该让孩子学着把自己的学习成就,设定在好几个不同的目标上；念书的时候好好念,运动的时候好好玩,有空多交交朋友,发展人际关系或其他专长也不错,让他除了功课之外,还可在其他方面得到自我肯定,进而了解自己的潜能,以便获得充分的发挥。

●青春百态,随生理变化而来

我们要了解,对青春期的孩子来说,他的骨骼、肌肉及消化、呼吸、循环、生殖、神经等系统都在成长;这些身体上有形与无形的激烈变化,容易让孩子变得沉不住气、动个不停,举止行为也不自觉地变得比较粗线条、笨手笨脚。比如说,叫他关门轻一点,他却"嘭"的一声把门带上;叫他洗碗小心点,却动不动就把碗摔破了。

这都是因为他们在成长期间的神经系统还没有发展好的缘故;"毛躁""坐不住""好动"等,都是此时期孩子的普遍特征,并不是他们故意粗手粗脚、惹人生气。父母不要因为孩子的粗手粗脚而骂他,让他丧失自信心。

青春期的孩子,脸形的轮廓也会改变。小时候是丑小鸭的,到了青春期就可能"女大十八变",越变越漂亮;相对的,小时候甜美可爱的小脸一拉长,面部五官的比例也难免会改变,有人喜欢,有人却觉得怪怪的。

这段时间的青少年变得爱照镜子,也十分在意自己的外表与形象,甚至脸上多一颗青春痘都会让他们烦恼大半天。父母这时要站在他的立场,千万别说什么:"一个人的外表美丑没有

关系,自己有实力和内涵才是最重要的。"这样的说教,他们一句都听不进去。

● 身心剧变,应适度运动休闲

青春期差不多是孩子上初中的阶段,刚好是升学压力最大的时候。即使现在的联考制度已采取推荐、甄选考试及更多元的升学管道,以解决孩子们的升学压力;但是,"上有政策,下有对策",很多孩子还是每天有一大堆考试要应付。好不容易有休息的时间,父母又安排他们去参加各种补习;一三五英数,二四六理化,一个礼拜六天就报销了,有人礼拜天还要学电脑和钢琴。你说孩子压力大不大?

换言之,一个青春期孩子在"转大人"的过渡时期,大约有十年时间需面对自己身体上的变化和第二性征的成熟,以及心理上的变化和社会价值观的建立。

这两方面的重要改变,在强大的课业压力下,很可能会被忽略,使他们在快速改变中调适不良,以致产生各种层出不穷的社会问题和家庭问题,值得人们正视。

我们与其要孩子安静地坐下来,不如多安排一些体能活动,让他适度地动一动,在身体运动的过程中学会适应自己身心的剧变;例如训练手、眼的协调,逐步加强每个动作的细腻程度。这些调适工作做得好,才能让孩子对自己慢慢建立信心,不会觉得自己老是做错事,连带变得被动、消极与畏缩,影响到心理的成熟。

像我的孩子，小时候喜欢玩撞球，上了初中就改成运动量比较大的篮球；一场球赛打下来，他整个身心都能得到放松及发泄，心理方面才能适应这段时期所面临的成长改变。

● 尊重信赖，培养孩子责任感

时代在变，社会在变，整个教育大环境也都在改变。我们要试着去体会、去了解青少年，不能拿自己的成长经验来看现在的孩子，要求他们像我们当年一样，对父母师长毕恭毕敬、说一不二；否则，亲子之间必然会产生代沟。

记得我儿子还小时，我常在晚餐后牵着他的手出去散步；到他小学六年级时，有一天他忽然挣脱我的手说："爸爸，不要牵手好不好？"起先我有些诧异，但马上就会意过来："牵手"代表他还是小孩子，他不希望再被当作小孩子。

于是我问他："那手可不可以放在你肩膀上？"他说："可以，因为这样子看起来比较像哥儿们。"这种心理转变是很微妙的。不但孩子要变，父母亲也要自我警觉，赶快学习调整以适应孩子的改变，亲子之间才能建立良好的沟通与了解。

从孩子进入青春期开始，我们就要逐渐把他当成大人对待。首先要尊重他，请他帮你做事时要说"请"和"谢谢"；其次要给他机会表达自己的想法，让他尝试自己做决定。因为，如果我们一直把他当小孩，孩子也会觉得自己还小，不需要负起什么责任。

爱的教育不是放任的教育，民主的教育不是纵容的教育；

只有当我们把他当成大人一般对待，充分信赖他，授权给他，他们才会真正学习去做个大人，进而在内心产生一股强烈的自尊心与责任感。

● **人格健全，稳健地迈向成年**

但是，"关怀"与"干涉"往往是一体的两面。怎样才能让孩子觉得父母是关心他而不是干涉他，父母心中要有一把尺作为最高指导原则；面对孩子冲动、情绪不稳定时，才能适时拉他们一把，以免他们在茫然无知中不小心出轨。

其中必须注意的是，管教态度必须前后一致，不能一下子把他当大人，一下子又把他当小孩。管教尺度忽宽忽紧，会让子女感到无所适从，这只能靠父母的智慧拿捏。

如果你希望自己的孩子茁壮成长，步履稳健地迈向成年，就要以尊重、了解、关心的立场，帮助他做好青少年的生涯发展计划，让他们认识自己、接受自己，也更加了解自己与别人的不同，珍惜自我的特质，并培养自尊与自信——这些都是发展健全人格的第一步。

只要我们能找出正确的教育方法，以尊重、了解、关心的态度加上适当的教养方法，必可帮助孩子们建立长远的生涯发展观念，陪伴他安然度过这段青春狂飙期！

（本文根据演讲整理摘录）

进入孩子的内心世界
——你们可以更亲密

／郭丽安（彰化师范大学辅导与咨询学系教授）

孩子要如何培养情绪的成熟度、学习人际的沟通呢？其实，最好的学习场所就是家庭，父母亲就是最好的老师。

如果你家有青少年，应该会同意：青少年是个不容易让人了解及沟通的族群。每次翻开报章，总会看到一些令人触目惊心的社会新闻；曾经有一桩飙车滋事的事件，令人印象深刻。据报载，那批滋事的青少年，为首的才十五岁，率同伙凌晨两点在某社区飙车；当社区的住户试图劝他们离去，却反遭石头攻击。这种只求自己痛快、完全不顾他人感受的行为，在我们那个年代非但难以想象，而且也没有人敢这么做。

在以前，如果我们在外行为不检、干扰到邻居或让邻人看不顺眼，必会招来一顿怒骂："你们太没有家教了！"这等说词就令我们羞愧得赶快跑开了。

●孩子心事，怎不对父母倾吐

大部分的父母喜欢说："孩子，我要你将来比我强！"却很少引导孩子去思考：念书是为了什么？还有将来到底要做什么？而"强"又是强在哪一方面呢？

近年，台湾的教育界和心理学界都在讨论 EQ（情绪商数）对成功的影响；科学家经过几十年的研究发现，一个孩子将来是否有成就，IQ（智力商数）不再是决定性的因素，EQ 才是。换句话说，一个孩子如果拥有好的头脑和学历，充其量也只能保证他将来在社会上具有谋生的能力，不见得会比父母更有成就；唯有情绪的成熟度高人一等、人际沟通良好，才有可能创造成就高峰。

那么，孩子要如何培养情绪的成熟度、学习人际的沟通呢？其实，最好的学习场所就是家庭，父母亲就是最好的老师。

遗憾的是，很多父母往往只注重考试分数，把孩子的学业成就当作唯一的成功指标，而忽略了孩子其他方面的情绪问题。

曾有一份问卷针对全台湾青少年进行抽样调查；调查结果显示，将近百分之八十五的青少年表示，自己有心事或烦恼时并不会先告诉父母。这个结果有三种可能。

第一个可能是，孩子有事想跟父母沟通时，父母却没有时间听；

第二个可能是，父母的情绪不够成熟，无法跟子女好好沟通；

第三种可能是，父母忽略了他们的需要。所以，青少年第一个沟通的对象，往往不是父母，而是跟他们一样年少、不成熟的同学。

●为何沟通，先想清楚再行动

所谓沟通，简单地说，就是"跟他讲一段话"。假如我们要跟孩子讲一段话，或是听孩子讲一段话，最重要的目的是什么呢？这个目的一定要先想清楚，才能创造良好的沟通互动。

首先，我们必须问自己：为什么要跟孩子沟通？这次的沟通，是为了要让孩子了解我们的想法，还是在寻求孩子的支持？是为了传达爱意，还是想借此操纵他？是为了想加强管教，让他听你的话，做出符合你期待的行为吗？

如果你一开始都搞不清楚自己的意图，就找孩子来谈话，非但达不到你想要的沟通，可能还会沟而不通呢！

以夫妻相处为例，如果先生晚上十二点才回家，却没有打过电话报备，气急败坏的太太可能在先生一开门时就说："你不要回来好了!"这句话其实真正想表达的是:"我实在太在乎你晚归;假如你下次必须晚回家的话,请你事先告诉我,让我知道你去了哪里才放心。"可是因为她太生气了,以致冲出口的话十分伤人。

晚归的先生听到太太的话,得到的讯息变成是:"你只是希望我准时回家,却毫不在意我的感受。"在这样的情况下,两个人可能就要开始吵架了。

从这个例子我们可以了解,如果我们要创造良好的沟通,最重要的是必须先了解自己说话的目的;也就是说,在沟通的过程中,你究竟想获得什么结果?

倘若你心里有事,想要跟孩子谈却不知如何开口的时候,必须先了解自己为什么想要跟他谈。比方说,家里发生了一些事情,你想要和孩子谈一谈;你在特地找他来谈之前,事先必须要先想好沟通的目的和方向。

● **传达爱意,让孩子感受善意**

如果你只是想寻求孩子的了解,那很简单,只要把孩子找来说:"我今天看了你的成绩单,看到你的成绩,妈妈心里有点难过,你能了解妈妈的心情吗?"这一段话,很容易就能让孩子理解你的心情。

只是,我们很多时候可能还想进一步寻求他的支持。于是,当你讲完这段话,就可能希望孩子能够附和你说:"我知道您很难过,下次我不会让您这么难过了。"后面这句话如果是你所想要的答案,就代表你心里不但希望孩子能够理解你的心情,还希望他能有善意的回应，支持你的情绪纾解。

然而，这样的理解对一个初中生来说，层次稍微高了些，想要实现可能会有困难。试想，即使是你的配偶，都未必能做得出这么成熟的反应，更何况是你的孩子？所以，如果你把沟通的目的，设定在寻求孩子的支持，你们之间的沟通很可能会失败；因为，这是期望的落差，并非只是沟通的问题。

沟通的目的之一，是传达爱意。比如，你看了成绩单后告诉他："我今天看到你的成绩单后蛮难过的，因为妈妈担心你将来在学业上会跟不上人家，然后慢慢地愈来愈讨厌做功课，这让我很担心；因为我关心你，所以才会这么担心呀！"

换句话说，你的担心并不是要他考第一名，而是担心他的自尊降低，以后会自暴自弃、放弃念书；因此，你只要传递关怀的意思，孩子便能接收到这份善意；在程度上也不会有什么问题，因为你是主动发话沟通的那一方。

●爱与管教，双管齐下有技巧

沟通的另一个目的则是为了"管教"，这是亲子之间极易引发冲突的一种沟通模式；因为，当父母在沟通时，为了管教或操纵管理，容易在言语上出现各种命令式的言词。例如："如果你考不好，我就不准你……""如果你今天晚上不把书念完，你就别想……"等，要求孩子去做一些事情，以表现自己的爱；不过，这样反而让孩子一听就马上躲起来了。

这种强制性的行为，我们称之为"操纵"。在人跟人之间，

打通亲子的任督二脉

尤其是父母跟孩子之间，有时为了必要性的管教，必须技巧地利用心理学上所说的奖惩方式，有效地管教或是导正孩子的行为，希望他们朝好的方向发展；这在亲子关系里仍是十分必要的。

我们今天谈教育，就必须要善用"爱"与"管教"双管齐下的法宝。如果父母平常在家里不管孩子，任由他们随心所欲，可能导致的后果——小则孩子没有礼貌、易忽略跟人相处的礼节，大则蛮横不讲理，甚至日后变成"对人不感恩""对己不克制""对物不珍惜""对事不尽力"的成年人。

所以，在沟通的时候，我们除了寻求支持、寻求了解、表达爱意之外，更需要用沟通技巧来达到管教孩子的目的；也就是让他先获得"有安全感的爱意"，而不是威胁及命令。如果让他觉得做某些事是被父母逼迫的，心里却不认同父母的期望，父母便无法达到管教的目的了。

● **听他讲完，且不要遽下判断**

假如孩子跟你说："我很想买一套漫画全集！"你回答："别做白日梦了，你连想都不要想！"一句话就推翻他的想法；一而再地如此，会让他慢慢学到："我只能想我应该想的事。"而什么是他"应该想的"，却不是他们所能自主的。以后，他们有很多奇奇怪怪的想法，便不会再跟父母讲了，而是宁可在网络上跟其他人分享。

沟通是工具，而不是目的。例如，孩子功课不好，父母要怎么跟他谈，是有很多种选择的——

最传统的说法是:"如果不好好念书,将来怎么找好的工作呢?"这是用没有出路来吓他;

第二种选择是说:"你不觉得这样很丢脸吗?你又不笨,怎么会念成这个样子?"

第三种是溺爱孩子:"不想念书就别念了,不要这么痛苦;等你初中毕业,我就准备一笔钱送你出国念书。"

我则是选择第四种方式,也是最难的方式。

首先,我要先了解他对自己考不好有何想法。我们找孩子沟通,很多时候只是一股脑地诉说我们比他还要难过,逼他要为你的难过负责;如此一来,读书对他来说便成了一件苦差事。因为读书是为了父母,而不是为了他自己,他一直勉强应付着;等哪一天他忍耐到某个程度,就可能爆发更大的冲突。

所以,我们要制造可以谈话的情境,让他可以将感觉及想法抒发出来;不管他怎么说,都不要马上下判断。比如,某个同学不理他,大人可能会说:"那个人又不是多好,他不理你有什么了不起?"可是,在他的世界里,这些人就是他的全世界,小小的事情都会令他感到痛苦。

我们要尝试做孩子的朋友,对他的情绪反应敏感,让他接收到善意的讯息,感受到家人的关心及爱意,让他觉得家庭是个人成长的助力,而不是阻力。

● 就事论事,建立沟通方程式

此外,我们要就事论事;不管自己有多生气,也不要说

"你笨死了""你无聊""你可耻"等诅咒性的话语。我们不妨用一个像方程式般的沟通架构,借以陈述自己的观点。

例如"每当你放学后在外面逗留那么久才回家,都让我觉得非常担心"这句,就是先说"每当你怎么样……",那个"怎么样"是很具体的一件事;接下来再说"都让我……",这是谈自己的感受;最后提出期望及要求作为结语:"我希望下次你放学后有什么事耽搁的话要先打个电话,或是先回来后再去做你想做的事情。"

一天说一件事情,每次沟通的事情要具体化,让孩子知道怎么做才能让你安心,而且是他能力范围内可以做到的事。

爸妈不必讲你养孩子有多辛苦,不必讲你对他的期望有多深,不必讲他以前曾经答应你什么事情但今天又食言……那些都不重要,重要的是沟通今天所发生的事情!如果他说明天可以做到就相信他,让他有机会改进;如果明天他没有做到,再跟他说:"我记得昨天你说你做得到,今天却没有做到,要不要告诉我问题出在哪里?是你自我期望太高呢,还是你忘了?"

总而言之,沟通是每天都要进行的事;如果过去沟通不良,就把它当做过去式。从今天开始,我们全心全意地与孩子、配偶、朋友加强沟通,让孩子看到父母不断在学习成长,体会到父母想陪他一起成长的诚意;孩子感受到父母这样的关爱之后,亲子之间未来的沟通相信会愈变愈好。

(本文根据演讲整理摘录)

生活处处是潜能
——栽培你的孩子

/董媛卿（亲子教育专业讲师）

如果父母能了解什么是潜能，并且愿意多花些时间陪伴，自己就能帮孩子培养潜能，随时随地都可以进行，不需要花费很多金钱。

在商业宣传推波助澜的影响下,很多家长为了不让孩子输在起跑点上,经常安排孩子四处学才艺,让孩子觉得很不耐烦,也不珍惜。

白天上课,晚上补习,回家再复习;很多孩子每天这么忙碌,不仅花了很多时间,家长也花了不少金钱。培养孩子的能力一定得花大钱吗?家长可不可能靠自己的教导来启发他呢?如果父母能了解什么是潜能的话,自己就能帮得上孩子。潜能的培养,不需要花费很多钱,只要有合适的方法,就能被启发出来。

潜能大致上分成五种,包括:好奇探索心、观察力、记忆力、解决问题的能力和反省力。

●一味制止会抑制好奇心发展

好奇探索心简称"好奇心",是一种心理态度;孩子只要看到会动的东西,不论是自己或别人的,都会想多看两眼,想摸一摸,更想把玩。家长若因担心孩子在别人家中随便碰触,会让人觉得自己的孩子没有家教,甚至在自己家里也一味制止他碰触很多东西,就表示你认为那些东西比培养孩子的好奇心重要。

如果我们怕孩子弄脏、弄坏东西,不允许他触碰,久而久之,孩子对很多事物就不想去看、去了解,更不会想知道眼前这个东西和以前看过的有什么不同,对很多事物都没有特别的感觉。或者,他会在你不容易规范到的地方无意识地碰触;例如，到了百货公司就伸出手漫无目的地四处乱碰或随意拍打等等。

原本拥有强烈好奇心的孩子在这种教养方式下，经过三年、五年、十年……习性养成之后，好奇心就全给浇熄了。

那么，该如何培养孩子的好奇心呢？

当我们从孩子眼神中看到了他的好奇时，要鼓励他摸摸看、玩玩看。如果东西装在盒子或袋子里，可以让孩子先猜猜里面可能装着什么，如果猜错了，也不要急着数落他或告诉他答案，反而要耐心地鼓励孩子打开来看，让他求证是否猜对了。这样的过程代表着：我允许你、鼓励你去看看，去摸摸看、去玩玩看！

●延伸思考可扩大理解和认知

在引导孩子发展好奇心的同时，仍可以顾及规范。例如，买了一些东西回来，孩子对袋子里的东西感到好奇，可以鼓励他先猜猜看是什么，同时提醒他，要等全家人回来后才能拿出来一起吃……

若孩子问："为什么？""如果爸爸今天很晚才回来，那要等到什么时候？"即使你还不确定，也要对他的问题有所回应，或者建议他自己打电话问爸爸……

孩子的好奇心若与家中的规范抵触时，要提醒他；当孩子提出进一层疑问时，便继续跟他讨论和澄清，促使他思考，扩大他的认知与理解能力。透过一层层的推敲，让好奇心持续发

展下去，增加刺激与反应的互动；不要停留在反射性的动作，只有单一的一次性反应。

在鼓励孩子触摸的时候，家长心中要能放下担忧。例如，孩子对桌上的苹果产生好奇，在触摸的时候可能会弄脏了外皮，或是握不稳而掉落地面；此时，我们不要斥责，否则也会扼杀了好奇心的发展。

● 观察四步：看到、细看、看出关联、整合联结

孩子小时候找不到东西时，便会问："妈妈，我的笔呢？""我的书包呢？"

妈妈环视四周后就说："在沙发上！"或"在那边呀！"

孩子又问："哪里？在哪里啦？"

若妈妈为节省时间就直接把笔或书包从沙发上拿给孩子，久而久之，孩子会愈来愈没有观察力，看待事情只有单一的角度。

观察力就是将所见事物整合思考的能力，也就是展现推理与归纳的能力。就像观察星座判断方向，就是从星星的位置、大小、亮度，再结合相关的天气、季节之后，再整合归纳出方位，这就是观察力的体现。

观察力分为：看到、细看、看出关联性、整合联结等四个步骤。小学四年级以下的孩子主要是用眼睛观察来学习，这就是为什么小学教材里有很多视觉学习的画面。

要培养观察力，可以先从观察生活中某人的举止或做事过程开始。把这些过程当成一个个画面，请孩子观察后，整理他

所看到的画面；例如，有生气的画面、有开玩笑的画面……接着，让孩子联系这些内容，询问孩子，从那个人的表现上整体来看，他是想要做什么？让孩子做出结论，判断那个人是在跟人生气吵架还是在开玩笑斗嘴……

●一问一答刺激观察力的延伸

培养观察力有以下几个要诀。

第一：把握时机。 与孩子相处的任何时刻，都是培养观察力的好时机，也就是学习"看到"；看到东西、把握时机，让孩子跟我们都一起看到这件事情。

第二：提问。 提问的目的是让孩子学习主动思考。当我们与孩子一起看到某个东西或某一件事情发生时，可以问："你看到什么？"引导孩子细看，让孩子仔细地观察这个画面或情景。

第三：延续问题。 除了问孩子看到什么，还要继续问："除了这些，你还看到什么？""这东西让你想到什么？"通过与孩子的一连串询问与回应，让孩子除了看到整个过程，还能去思维其间相对的关联性。这种延续性的问题至少要问四个以上，才能延展观察的广度。

第四：比较性的问法。 例如："这东西与某个东西像不像？"或"它跟你以前看到的某物有什么不同"等等，用比较性的询问，让他跟以前的经验相联结。

第五：延伸到其他事件。 不单只跟东西做比较，而是还要跟旁边或周遭的人或事物等做比较。延伸是通过之前的一连串

过程,与过去的经验结合,再整合出相关的联结,以作为未来为人处世的参考。

例如,上次到麦当劳时,孩子点了可乐;这次到肯德基,还是要点可乐。你可以问:"麦当劳的饮料、杯子、价格和食物,与肯德基的有何不同?""游乐设施有何差异?"让孩子除了喝可乐之外,也睁大眼睛观察和比较周遭的事物,有所观察并进行思考。自己能培养定见后,以后对任何事情就不会只说"随便",而在别人做了决定后又有抱怨。

有了这样的观察力,就能随时随地欣赏不同的事物,到了美术馆或博物馆也不至于只是走马看花,而能细细品味。

●记忆力训练从细节回想开始

记忆力的培养,就是不断地问他曾经发生过的事,这是随时随地都可以训练的。

例如:"今天去早餐店你买了什么?""口味呢?""大碗还是小碗?""多少钱一碗?""那家店是什么店名?"相关的周边问题都可以问;如有想不起来的部分,我们可以提醒他,通过对话来训练思考与记忆。

记忆力训练并不限于当日发生的事情,一个月前发生的事情也可以;所问的内容需包含细节,让他可以经由回忆唤出很多的联想,调出已输入脑中的资料。

有些不经意便能记住的东西,那是一种瞬间记忆;如果没有这样不断地做回忆的练习,孩子就不会习惯把记过的东西加以反刍。透过这样的训练，孩子对生活点滴及周遭事物便会有多一点的关注，也可促使孩子主动去注意一些事物。

孩子记忆力增长后，对学习会有所帮助。例如，笔画多的字能很快地记下来，而不会把一个字分成两半来抄写，造成错别字很多的情形。

还有，随时要让孩子自己提出处理问题的方法。对幼儿园阶段的孩子，可要求他想出四种解决的办法；到小学阶段则要求他想出六到八种方法。如果孩子想出的点子不好，不需急切地阻止，这会扼杀他继续想下去的意愿；也不应该马上去评断孩子的看法，不要让孩子从你的表情或肢体动作中感觉到你不同意；否则，孩子发现你不赞同，便不再说下去，也就不再动脑了，他心里想的是："反正我怎么说，你都有意见嘛，那就算了！"

● **鼓励自主思考解决问题的方法**

培养孩子解决问题的能力，最重要的就是要他"多想"。所以，在孩子想出第一个方法后，继续问："还有吗？""还有其他方法吗？"

鼓励他去想，鼓励他用脑，让他学习主动思考，让他在想出解决办法时，进一步思考：哪些合适？哪些可行？能够主动思考，遇到事情便不会先入为主，像是主观认定是别人让他生气、别人不顺他意。

父母该如何引导孩子思考呢？例如，周末全家去动物园玩，

孩子满心期待，到了之后却花很多时间在排队上；回来之后，孩子对于整个活动有一些抱怨，以后便没有意愿再去动物园。

家长便可以引导孩子回忆整个过程，找出不喜欢的原因，并去思考如何调整才可以开心地玩。孩子可能就会想到：假日人多，非假日便不会如此；未来应该排在非假日去动物园，便不会有这般不好的感受。

若是某件事情的整个过程让自己的感觉很好，表示当初的主观认定与结果是契合的、和谐的；若是感觉不好，则须思考，是否变更某些细节，就可让之前的主观认定与最终的结果契合；若仍认为不契合，便试着从过程中找出哪些步骤是造成当初想法与结果不一致的原因。

●经常反省觉察有助增强执行力

反省不是针对结果，而是回忆过程，回忆刚开始做某件事情的初发心、想法和后续发生的事情等。自我觉察则须通过整体回忆，重新检视过程中自己的感觉，并思考下次若是重新规划时，有哪些需要调整、修正的地方。

反省力包含反省、自我觉察和自评；通过反省和自我觉察，才能够为下一次做更好的安排。最主要的是把过去所经历的加以整理，增强符合预期的部分，以强化自我信念；对于不合预期的部分，则思维如何调整。有了这样的观念之后，规划或面对事情时就会有更好的态度，以及懂得事后的反省，让自己一次比一次更好、更顺遂。

一个人具有反省力后,就会了解如何才能让自己好好完成一件事,怎么样的步骤会让自己表现得好。他可以有依有据地面对每一件事情的成败因果,不会做无谓的比较并因而充满嫉妒或羡慕,浪费自己很多生命跟心力;因为,很多事情在做之前便已先评估过自己的能力,心就比较自由,能按照自己的心意去做,所以很多的想法都能达成。

而自评就是对自我能力的预估,预估自己的水准。有了自我预估的能力后,便会调整自己的学习态度、计划能力和执行能力等,也能提升自己的社交能力和解决问题的能力。

只要父母愿意多花些时间,孩子能力的培养随时随地都可以进行;希望父母们都能好好把握,珍惜跟孩子相处的时光。

(本文根据演讲整理摘录)

教出快乐的孩子
——从了解人格特质开始

/周美德(亲子教育专业讲师)

我们教养孩子的目的,应该是要养育出快乐的小孩;因此,我们要了解孩子的人格特质,在教养上拿捏恰当的分寸。

你的孩子是属于哪一种个性？有什么样的倾向？相信这是许多父母所关心的。

美国南加州大学有几位博士共同研发出一套理论，以性格形态将人的个性分成四种，分别是主控型、人际型、耐性型和传统型，建议父母不妨借此因材施教。

一、主控型的孩子——不服权威与管教

主控型的人多半拥有领袖气质，他平时走路或说话，一定是抬头挺胸、咄咄逼人的样子；这种人不管在哪里，都会有一群追随者，唯他马首是瞻，那种领袖气质是天生的。他们只喜欢三样东西——

第一是"权力"，他们天生喜欢抓权，喜欢带头管人、发号施令。

第二，他喜欢"金钱"，钱愈多愈好，或者说他们喜欢用数字为"成功"下定义。所以，对这种小孩晓以大义，还不如直接用金钱奖励他来得有用。

第三，他喜欢大量的"自由"，不喜欢过多的限制和过于琐碎的细节。

如果你身边有个主控型的孩子，你一定要给他多一点空间和弹性，不要期望他对你唯唯诺诺，因为他们都很忠于自我，也很善变，最不服从权威。

碰到这种叛逆性强的小孩，你不要用权威去压他，希望他听你的，而是要设法跟他做朋友、婉转劝他、开导他，才能减

轻他的叛逆性。换句话说,只要给他一个大的原则性规范,大事坚持、小事随意就好了。

但是,有一点要特别注意:主控型的孩子由于个性较冲又强,通常比较没什么知心朋友,因为他们太骄傲了,总觉得别人都很蠢、很讨厌;如果这一点不改的话,长大以后人际关系会有障碍。

二、人际型的孩子——需要鼓励与赞美

人际型的孩子天生很重视外表,喜欢打扮得光鲜亮丽;超爱说话,讲话的速度也很快,但是说话内容却没有什么重点。此外,他们给人的印象总是温柔、热情、幽默、很会说笑话,在团体中常扮演开心果的角色,同情心与同理心都很强,很能为人着想。

可想而知,"朋友"对人际型的孩子十分重要。他们不像主控型的孩子那么独立,善于独处;相反的,他们十分害怕孤独,需要归属感,喜欢跟人群打成一片。所以,对待人际型的孩子,只要你善用鼓励、肯定的方式,对他多加赞美,他就会愈做愈起劲,颇有"士为知己者死"的气魄;反之,你愈骂,他就表现愈差,也愈发没有自信。

三、耐性型的孩子——情绪反应慢半拍

耐性型的孩子个性温温吞吞,做什么事都比人慢半拍;不但讲话慢、走路慢、吃东西慢,甚至情绪反应也很慢;即使心

里很焦急或生气，也不会轻易表现出来。因此，他们表面上对人绝不说 No，可是内心却像鸭子划水般波涛汹涌。因为他很害怕与人发生冲突，说话总是欲言又止；有时虽然与人意见相左，只要看到人家脸色一变，他就马上把话吞回去，不敢讲出来。

但是，他们的优点是逆来顺受、从一而终；虽然不像主控型的人拥有那种瞬间爆发力，可是他的耐力和持久性更佳。若说主控型的人是跑百米的，耐性型的人就是跑马拉松的；只要你给他一个清楚的目标，告诉他怎么做，他就自动调整好速度，慢慢地跑完全程。这种人在社会上往往是扮演螺丝钉的角色。

至于耐性型孩子的个性，有人说是天生的，也有人认为与父母太过强势有关。因此，耐性型的人长大以后，有的会转变成喜好使用权威，动辄就说："你给我住嘴！"就像他的父母一样。可是，另一方面他又害怕权威，看到"权威人士"不敢得罪；这种潜意识的"权威恐惧症"，应该与早期家庭中父母的教养方式有关。

四、传统型的孩子——追求完美不随俗

传统型的孩子，是属正常、最不会作怪的族群。他们虽然也喜欢穿名牌，可是名牌对他只是一种"品质"的象征；不像人际型的人追求名牌是为了获得别人的注目和掌声，传统型的人则是因为追求完美，坚持"要用就要用最好的"。

他的结构性很强；如果你跟他讲话，叽里呱啦半天不着边际，他会觉得十分难受，甚至不耐烦地打断你。因此，传统型

的人听人家讲笑话也是绷着脸,一副酷酷的表情,好像在说:"无聊!一点都不好笑!"

记得有一次,我跟一个朋友去看电影,影片正演得气势磅礴、众人都全神贯注时,朋友却突然冒出一句:"这个人的手提包怎么不见了?"教人从陶醉中蓦然惊醒。这就是传统型的人。这种人非常注意细节,容易给人呆板、严肃、缺乏幽默感的印象,优点是按部就班、小心翼翼、力求精确、追求完美,是十分可靠的人生伴侣和工作伙伴。

可是,相对的,传统型的人由于看待事情太过认真,甚至有点吹毛求疵、郑重其事,处事也是黑白分明,完全没有灰色地带。所以,传统型的人很容易杞人忧天、愤世嫉俗,不能容忍任何缺陷。偏偏人生不如意事十常八九,这种太过于"完美主义"的性格,反而会给自己及身旁的人过多压力。

● **根据性格,找出教养的对策**

当父母太过保护孩子,经常越俎代庖、帮孩子做各种决定,就易造成孩子长大后变得很没有主见。

愈是平日循规蹈矩、表现完全正常的小孩,愈有可能是最不快乐的孩子,因为他们的父母通常十分严格,不断灌输他该怎么做才正确;若他做对了,父母即给予奖励,强化他的正向行为。如此一日日地矫正、强化的结果是,孩子完全被"驯化"了,像一匹驽马一样,被困在各种道德规范的框框中,动弹不得;一旦长大后接触到外面世界、突然生出自觉意识的时候,

就有可能怨怪父母让他活得毫无自我、一点都不快乐。

我们教养孩子的目的,应该是为了养育出快乐的小孩,而不是忧伤的、压抑的、不快乐的孩子。因此,我们要了解孩子的人格特质,在教养上拿捏恰当的分寸。

比如,对于耐性型的孩子,你问他意见,他总是千篇一律地回答"随便!"其实,他并不是真的"随便",而是怕做决定,怕与人争吵。因此,当父母看到孩子犹豫不决的时候,千万要耐住性子,不要轻易发火,以免孩子更加拿不定主意,最后变成你愈急、他就愈慢的拉锯战。

这时,父母应该要多鼓励他,了解他为什么做不了决定。例如,是否因为他每次说出自己的意见时,总是会受到批评?有些父母表面上很"民主",要孩子自己做决定,像是问他要吃麦当劳还是蚵仔煎,当孩子怯生生地说"蚵仔煎"时,父母却说:"昨天不是才吃过了吗?今天换别的吧!"当下马上否决了他的决定。久而久之,孩子怎么不会怕说错呢?

● **百般宠溺,孩子就不知感激**

有一次到初中演讲,一位妈妈对我说,她看女儿准备考试压力很大,好心煲了一碗补品端进房间给孩子,孩子却不耐烦地对她大吼大叫说:"你出去!给我出去!"这位妈妈悻悻然走出孩子房间,却还不死心,就站在墙角等着,希望等孩子心情变好了,再把补品端进去。

还有一个朋友,逢人就报告儿子考上名校的好消息。想当年，他曾千方百计想要进入这间名校，却未能如愿；现今总算有子继承父志，替他圆了名校梦，岂不令人欣喜若狂？

可是，不到一个月，我接到这个朋友的电话："我真是快被我儿子气死了！"朋友说，儿子吃的穿的全都由家里提供，竟然还敢在房门上贴着"闲人免进"，实在太令人伤心。

这些情形让人觉得，现代父母真是辛苦，一心一意为孩子着想，却"好心被狗咬"，尊严还被孩子任意践踏；这会不会使孩子长大以后对父母予取予求，觉得一切都是理所当然的？

董氏基金会曾做过调查发现，七年级生竟然有五分之一的人有抑郁症倾向。这些人压力排行榜上的前三名，第一是"考试"，第二是"课业表现"，这二者和往年排名差不多；第三名则和过去有些不同——"金钱"首度跃上排行榜前三名。

七年级学生比较在乎金钱，而不是朋友和外表，这表示他们比较具有忧患意识，另一方面表示大家现在大多向钱看。这让我想起报上一则报导：一名年纪才三十岁的年轻男子，因失业付不出房贷，房子即将遭到法院拍卖，他竟然放火烧屋，然后跳楼。

●苦乐交并，培养生命的韧性

试想，父母要花多少心血，才能将一个孩子辛苦抚养长大？如果有一天孩子不再甩你，或是想不开就跳楼，父母的心中是不是很痛？没错，生活压力是很大，可能会失业、付不出房贷、股票狂跌……但大家都是一样艰苦，也都能够撑过去并活下来,这就是生命的"韧性";只要韧度够强,就不会一遇挫折就想不开了。

教育的目的应该是要教出健健康康、活泼快乐的孩子;要让孩子培养生命的韧性,体会生命有欢乐也有苦痛、有得意也有失意,学做"一只打不死的蟑螂",不要因为一点挫折失意就活不下去,这才是我们现今最要紧的课题。

(本文根据演讲整理摘录)

智慧教养
——健康家庭的五片花瓣

/苏丽华（亲子教育专业讲师）

所谓的"智慧教养"，是要培养"人才"，而不是教出只会唯唯诺诺的"奴才"；是"人才"，就要培养他独立自主、自我负责的个性，培养出他灵活的思考能力。

每个孩子都是独立的个体,会长成什么样子,大概有三分之一来自本身先天的气质,三分之一受到后天环境的影响,其余三分之一则是来自父母或重要关系人的影响。所以,当许多着急的父母问:"老师,怎么办?我的孩子都不跟我讲话,我已经快发火了。骂也不行,管也不行,用劝的也没用。"我也只能回答:"我没有特效药,因为罗马不是一天造成的。"

●家庭功能,五个面向并重

你有没有想过,自己是如何变成今天的"我"?你的人格特质、待人处世风格是如何形成的?你用什么方法教养孩子,该怎么做才能真正发挥对孩子有益的影响呢?

父母影响着孩子,孩子也在磨练着父母,彼此的关系就像鱼帮水、水帮鱼。一个功能健全的家庭,就像一朵健康的花,由四片花瓣与一个花房共同组成,每一片花瓣代表一个家庭功能——包括规范、滋润、幽默、退让,以及一个具有引导与沟通精神的花房。

这五个面向在每个家庭里各有强弱不同的表现,因此形成各自不同的家庭气氛与风格;但是,它们对每个家庭来说都一样重要,缺一不可。

◆规范:让他学会自我负责

首先,在孩子的成长过程中,我们必须让他了解什么叫做"规范"和"界限",能够区分什么是别人的,什么是我的,想拿别人的东西需先征得主人的同意,学会等待以及尊重别人;同时,也要学会哪些事情是自己的责任。如此一来,孩子才能从规范里学会自我负责,培养出"吃苦也要把它完成"的意志力。

有些父母很清楚,该是孩子的问题就留给孩子,不会因为舍不得就越俎代庖,而能让孩子从失败的经验中,学会负起责任;因为,孩子是最聪明的观察家,却是最差劲的解释者。

比方说,上学要迟到了,父母心疼孩子会受处罚,就搭出租车或骑摩托车送他去;孩子观察到父母的反应,就会沾沾自喜地想:"太好了!本来要走路去上学,这下子还可以搭出租车或摩托车!"于是,就改不掉老是来不及上学的毛病。

如果没有为孩子订出规范,孩子学习不到责任感,也分辨不出如何尊重自己与他人。因为,在我们这样的礼教社会里,很多人不习惯对他人说"不",也无法勇敢说出自己的感觉或想要的东西,好像那样就是不礼貌、侵犯了别人的界限。当孩子想说"不"时,通常只要看到父母脸色一沉、语气稍凶一点,他就不敢说出来了。

不只如此,父母还经常侵犯孩子的界限:"我觉得你不行,我来帮你……""我告诉你,你的房间要如何整理……"你嫌孩子自己做得不好,就抢过来做,帮忙整理书桌,帮忙折棉被,帮他打扫房间……这算不算侵犯人家的"内政"呢?

此外,如果孩子跟你讲他的"外交"不好——没有同学喜

欢我、老师对我不公平……你立刻跑去学校找老师和同学"沟通",便又干涉了孩子的"外交"。既抢了人家的"内政",又插手了他的"外交",使孩子在成长过程中学不到任何事情,不知如何保有自己的界限,反而学会了仗势去侵犯别人。

◆ 滋润:培养安全和信任感

另一片花瓣——"滋润",就是指包容、支持和无条件的爱。这个功能很重要,可以给孩子温暖、信心,培养出对人的信任感和安全感。

但是,如果家中的这片花瓣能量太过丰沛,反而会造成孩子依赖心较重,经常动不动就说:"妈,这个我不会。"

若是当妈妈的一听就说:"你不会啊!来,我帮你做。""美劳不会,我帮你做;画画不会,没关系,我帮你画;玩具乱七八糟,我帮你整理……"孩子便会凡事都推给别人,做得不好也都是别人的错,不会反省自己。

因为,孩子从头到尾就只学会了一件事:依赖别人帮他解决问题。当他长大出去工作,碰到老板责怪他事情没做好时,他也会立刻撇清说:"都是因为谁……所以我才会……"根本不会承担责任,而是认为别人都应该要帮他做好才对。

我有个女性朋友已经三十多岁了,每天上班前,还要妈妈帮她准备"爱心便当"。她的大姊、二姊都已出嫁,每天仍回娘家吃饭;她自己也希望将来婚后能够在娘家附近租房子,继续享受妈妈的照顾。

可以想见,将来不管谁娶到她,娶到的不是"太太",而是"岳母的女儿";同样的,有些女性婚后发现自己嫁的不是"先生",而是"婆婆的儿子"。因为家庭中的滋润及包容太丰富了,让他们无法彼此切割、各自独立。

◆幽默:建立深厚的亲子情

你会不会和孩子一起玩电动玩具、打扑克牌、下象棋呢?会不会带孩子出去玩,跟孩子互相打来打去,跟他一样地叫、一样地跳、一样兴奋、一样快乐呢?

"幽默"这片花瓣,在家庭中也占有同样重要的分量。

很多家长说:"我小时候都没有玩过,现在从孩子身上弥补,重新去玩自己没玩过的东西,好像和孩子共同经历了童年。"当孩子还小时,千万别一直忙着工作,必须拨出一点时间陪孩子玩,也学一学怎么跟孩子玩,以后才能跟孩子连上线。

在孩子的成长过程中,陪伴他一起看些好看的卡通电影,像是《玩具总动员》《海底总动员》等,看完之后和他一起分享故事情节及心得,这对一个孩子来说是很重要的。

有个爸爸曾告诉我,他常和孩子一起玩套圈圈;每当他好不容易套住一个玩具时,孩子就在一旁大声欢呼,父子俩高兴得跳起来,欢乐的气氛感染了周遭每个人。他兴奋地说:"就算是总统,也不见得像我这么棒呢!"如果你个性中比较缺少"幽默",不妨从孩子的身上学习。这样的家庭是有创意的、好玩的,愉快的真情自然流露。

◆退让：尊重孩子的自主权

最后一片花瓣是"退让"。你会不会跟孩子道歉？你愿意完全放手，让孩子自己做决定吗？

为人父母者一定要了解，纵然我们的经验比孩子多，但有时也会有犯错及软弱的时候。当我们在跟孩子激辩什么是对、什么是错的时候，能不能退让、妥协，同理孩子的立场，自己有错时向孩子道歉？这是很重要的。一个家庭有这一片"退让"的花瓣，可以让孩子长得更坚强、更独立。

我的女儿今年二十三岁，在工作上遇到了一些瓶颈；我了解孩子的个性，却一时心急地劝导她，她突然回话："对啦，对啦！我做人就是这么不成功。"

我当时愣了一下，心想：刚刚我安慰她的话，给她的感受竟然是好像在指责她做错了，怎么会这样呢？

这时，我先让自己的情绪稳定下来，对她说："对不起，妈妈刚才真的太急了，说的话让你有很不好的感受，我跟你道歉。"看到我向她道歉，她也说："其实我也有不对……"

父母对孩子焦虑和担心是难免的；只是，当孩子渐渐长大，有了自己的想法和做法时，你能不能放手，允许他自己作主呢？如果你们家是有弹性的、可协调的、可退让的、可以让孩子自己做决定的，有时候你甚至可以退居幕后当个旁观者，让他自己去试试看，不需要每件事都急着插手；等到他碰到困难时，自然就会明白什么时候该找你谈一谈。

◆引导：助他思考解决方法

四个花瓣的核心是"引导"，也就是中心的花房所在，这是一般的家庭观念中比较缺乏的。

"引导"是什么？"引导"就是站在孩子的立场、位置，同理、了解并支持他，帮助他把心情感受讲出来；等他发泄完后，才会知道自己的感受是被接纳的，而不是被否定的。如此一来，你才有办法让他自己去想："接下来该怎么做才是对自己最有利的？"

我的大女儿在小学二年级时，曾气冲冲地跟我说："妈妈，弟弟好讨厌，您为什么要生下弟弟？把他装回肚子里最好了！"

当你第一次听到这句话时，会怎么回答呢？如果你说："怎么装回去呀？你是姊姊，本来就要照顾弟弟的啊！"这样一来，孩子就会立刻闭嘴，你却也失去了一次引导他思考的机会了。

我当时先问孩子："弟弟做了什么事让你这么生气？"借此让她说出内心真正想要表达的想法。

"我真的被他气死了！"

"真的啊？到底什么事让你这么生气？"

"他把我放在桌上的书都涂得一团糟！"

"原来如此！如果我是你，我也会气坏了。看来，弟弟真的造成你很多不便，你看要怎么办呢？"

"倒霉！只好认了啊！"

"女儿啊，我看，要教弟弟学会不画你的课本，好像很困难

耶！但这种事以后还是会发生，怎么办呢？"

她想了想，说："看来，我的东西以后都不能随便乱摆了，要小心收好啦！"

我立刻大加赞扬："哇！你想出这个保护书本的好方法，妈妈真的很欣赏；只是，这样一来你会特别辛苦耶！"她的怒火渐渐降了下来。接着我说："以后我会告诉弟弟，你曾经为他做了这么多事情。"经过这番对话，她的情绪就被抚平了。

总之，当孩子有问题时，父母要先懂得倾听，才能妥善引导；倾听时不要只听言语的表面，一定要听到话语背后的心情，站在他的立场去体会他的感受，帮助他把心情表达出来；由你讲出他的感受，他才会觉得被了解，之后再跟他共同思考解决问题的方法。而不是一开始就告诉他："你要把书收好，才不会被弟弟乱画。"或者："是你自己不好，谁叫你要随便乱放。"

找到方法，还要商讨实际操作时，这个方法有没有用？如果没有用，该做些什么修正？这就是"引导"。

若是这四个花瓣及花房都有，家庭的功能便较能充分发挥，教养出来的孩子，个性就可伸可缩、可曲可直了。

● 智慧教养，影响孩子成长

孩子是独立的个体，他会观察，会有感受，会有反应；在家庭的人际互动关系中，因为父母及手足之间个性与气质的交互影响，逐渐发展成自己待人接物的运作模式。他的个性有三分之一是受父母影响，而这三分之一是不是用引导的方式形成就很重要。

所谓的"智慧教养"，是要培养"人才"，而不是教出只会唯唯诺诺的"奴才"；是"人才"，就要培养他独立自主、自我负责的个性，培养出他灵活的思考能力。

当孩子画好图画拿给你看时总会问："妈妈，我画得如何？"你的回答是"很好"还是"不好，要多加油"呢？为什么不试着问他："孩子，你自己认为呢？""你是怎么想到要用这种方式来呈现？"帮助他了解自己怎么看、怎么说以及怎么想，找出自己真正想要表现的是什么。

假如你让孩子从小自己动脑思考、自己去解决问题，同时也让他知道"我的门是打开的，永远是支持你的"，他便会有信心。即使他偶尔做不好，有时也犯些错，但是他能够自我反省、自我负责，而不是一直问："我该怎么办？你告诉我，我该怎么做？""你说的也对，他说的也对，那我到底要听谁的？"如果孩子从来没有自己独立思考过，他的习惯总是"听老师怎么说""听爸爸妈妈怎么说""看他们的脸色怎么说"，他如何学会做自己的主人？

我们教养孩子，要是能够在他身上种下一朵健康的花，上面带着规范、滋润、幽默、退让四片花瓣，再加上智慧思考作为引导的花房，他便能清楚知道自己现在正在做什么、将要负责的是什么，能在各种利弊得失中，明快果断地取舍；那么，我相信，这个孩子的未来，已经不再需要你操心了！

●四大能力，十二岁前必须具备

每个人从出生开始都像是有一个空白录音带，如影随形地带在身上，不断录下周遭所有人的声音并受其影响，父母的影响最大。如果父母能在孩子十二岁以前培养他发展以下四个能力，就足以协助他走好自己的人生。

第一是亲密的能力。从孩子婴幼儿时期，父母就必须提供稳定的照顾关系，培养他对人的信任感；假如婴幼儿在这段时间缺少一个可以亲密依附的主要照顾人，或是处在比较不鼓励孩子自行摸索的封闭式环境中，会造成将来对人的信任感比较差，无法与人亲密相处。

第二是控制的能力。在两岁到四岁左右，甚至到六岁以前，父母必须协助孩子学习"规范与界限"及"物的所有权概念"，明了什么东西是自己的可以拿，什么东西是别人的不能碰，让他懂得如何尊重别人。

第三是分辨的能力。很多人到了成年还分不清是非善恶，也无法分辨事实与虚幻，还抱持着一些自以为是的想法。例如："如果他爱我，他就应该都听我的""我这样对他，他也应该要这样对我"……对于什么事是想象的、什么又是真实的，还停留在自我想象的阶段，对他的人际相处会造成很大的障碍。

第四是胜任感与合作的能力。如果孩子的功课不佳，在学校的人缘不好，在家里也不受重视，就容易对自己失去信心，担心自己老是做不好事，因此无法产生足够的胜任感，不容易与人分工合作。

以前的社会孩子生得多,有的孩子在学校虽然功课不好,在家里还可以帮忙照顾弟妹或分担家务;所以,在其成长过程中,不会否定自己的价值,长大以后仍可以成为一个很有能力的人。现代人孩子生得少,经济情况普遍小康,父母就比较注重孩子的课业表现;如果孩子书读得不好,又没有人引导他发展其他的优点,他就会对自己说:"我不会,我做不来,我什么都不行,我没有什么贡献。"

十二岁以前累积的经验,会一直影响到成年;父母要从小培养孩子上述四项能力,才能让孩子能够独立地经营自己的人生。

(本文根据演讲整理摘录)

为自己负责
——陪孩子走过成长路

/林玟莹(中国国际幸福学研究院院长)

家长在什么阶段应该扮演什么角色,要用多元的角度去思考,让孩子多多涉猎,多增加经历及体验,发展其多元智慧,而不是只局限在课业上面。

打通亲子的任督二脉

我有个学生在士林买了他的第一间房子；他原本很快乐地搬进去，半年后却打电话告诉我，他搬进去第二天就后悔了。

原来，他搬过去之后，每天早上六点五十分一定会听到一位妈妈在呼叫："阿强呀！起床啊！""拜托啦！你会来不及啦！阿强！"这样的呼叫，足足可以持续三十分钟，周而复始地每天重复上演，让只隔一墙比邻而居的人都能听得一清二楚，想不起床都不行。

●孩子习惯养成，因与父母互动而生

我那个学生就这样被疲劳轰炸将近半年。让人深感不解的是，那个意志坚强的妈妈，为什么半年来都没有办法改变孩子？换作旁人，听三分钟就受不了了。有一天，他忙到凌晨三点才睡，一大早又被隔壁妈妈叫孩子起床的声音吵醒，他忍不住打开窗子对着隔壁叫："阿强！起床啦！"

从这天起，隔壁的妈妈叫孩子起床的声音变小了，但还是继续哀叫着。可见，这对天才母子已经习惯了这种互动模式：妈妈习惯每天叫阿强半小时，阿强也习惯每天听妈妈叫唤半小时才起床。

孩子养成什么样的习惯，和父母有很大的关系。如果阿强的妈妈能换个方式叫阿强起床，最多不超过三分钟，保证可以改掉阿强赖床的坏习惯。因为，阿强已经习惯听妈妈叫三十分钟再起床，突然间变成三分钟，他会下意识觉得奇怪，以为自己睡过头，自然就赶紧起床了。如果他还不起床，就让他迟到吧!

有人说,现在的孩子最欠缺的是时间观念;但我认为,现在的孩子最欠缺的是"挫折训练"。因为我们都在保护孩子,怕孩子犯错,怕他们受伤;过度保护的结果,很可能相对地剥夺了他们的学习机会,甚至让孩子养成过度依赖的习惯,造成"失能"的后果。

例如,孩子快迟到了,父母可能比他还紧张,马上开车或骑车送他去上学;如此一来,孩子不知道要自我管理、自我负责,学到的却是——反正要迟到了,爸爸妈妈就会送我去学校!可是,你没有办法保护他一辈子,孩子必须自己去承担责任的时候该怎么办?

● 多元思考学习,发展多元智慧经历

孩子很多习惯的养成是父母与孩子长期互动、应对的结果。不要妄想用言语去改变孩子,只有父母自己先改变行为模式;因为,他需要跟你相处,只要你变了,他就不得不变。你要去带动他,适时地当孩子的推手,帮助他省思,让他学会为自己选择、为自己负责。

很多父母亲虽有心栽培孩子,却忽略了去厘清什么是孩子最需要的。看着人家补什么,就让孩子也跟着补,人家参加什么就赶快去参加,生怕孩子输在起跑点上;却没有想到,这么做只是让孩子不落于人后,而不是比别人更出色,甚至可能愈补愈差,因为根本补错了方向。

如果再问:"到底是输在起跑点比较严重,还是跑错跑道严重?"很多人应该就会发现跑对方向才更重要。与其跑到最后发现孩子跑错了跑道,不如一开始就让孩子多元学习,往多元智慧发展,不要偏重或限定任一种可能性。

孩子小时候当然会在课业上花比较多的时间;可是,你要让他有时间接触其他的事物,学习跟人沟通、跟家人互动相处,同时也不能忽略休闲、兴趣和梦想的经营。他在人生每一阶段都有不同的需求和转变;比如说,青春期开始有情感的需求,成年期则有成家立业的需求;这些都会随着人生的不同阶段而有所转变、有所取舍,没有先前的尝试及练习,他怎能有足够的选项进行选择呢?

●人生像一个圆,每一面都彼此关联

《商业周刊》曾有一篇文章论道,人有三次"投胎"的机会:第一次叫"出生",我们没有办法决定自己的出身,你一生下来是在富贵人家还是小康家庭,已是先天注定的。

第二次投胎的机会是"结婚":娶对人或娶错人,嫁对人或嫁错人,其间差别就很大,所以台湾有句俗话说:"娶对老婆可以减少奋斗三十年。"不过,"减少奋斗三十年"有两种意义:一种是娶到贤妻或富婆,可以提早吃香喝辣;另一种则是夫妻不和,彼此争吵不断,让人"少活三十年"。

第三次投胎则是身边有一群益友,就好像加入"良师俱乐部",这才是我们可以自己创造的机会。人生本来就有种种问题；如能让孩子平日多结交良师益友、参与人际应对，多跟人交流、互动，可以让孩子预先了解、看到自己的问题，人生和视野逐渐开展，看到的格局也会跟人家不一样。

人生像是一个圆，这个圆包含着很多面向，比如健康、家庭、休闲、人际等，每一个面向都是彼此关联的；如果其中有一个出了问题，就像一个轮子缺了一个角，运转起来必定转一下、顿一下，影响到行进速度。

如果人际关系不好，也不学习成长，人生没有梦想，感情又出状况，经济也不好，家庭也破一角，这样的轮子怎么转得动呢？

因此，家长在什么阶段应该扮演什么角色，要用多元的角度去思考，让孩子多多涉猎，多增加经历及体验，发展其多元智慧，而不是只局限在课业上面。

要记得，父母永远只是一个旁观者，可以帮助孩子厘清观念、省察自我，却不能够代替他做选择；毕竟，人生是他的，要让他自己做决定，学习为自己负责。

● **用心检验自己，自信由此建立**

其次，孩子最需要训练的是"自信心"。因为，孩子的心智尚未拥有真正的自信，大部分的孩子都还不够成熟到可以正向解读外界的现象与刺激；所以，对自信不足的孩子，我们需要多给予鼓励。

但是，有时候光是鼓励仍是不够的。很多资优生从小在父

打通亲子的任督二脉

母、师长的鼓励下长大,一进建中、北一女等名校,名次就从第一名掉到后面;自我不能接受这种挫败,就会产生严重的挫折感。对这些孩子来说,太多的鼓励有时反而也是一种压力。

所以,我们应该让孩子知道:凡是人都会犯错,都会有不好或达不到的时候;让孩子有所经历、勇于承受,并能真实地面对自己、接受自己的不足,那才叫做真正的自信。

以我自己带孩子的经验,不管他考第一名还是第十几名,我从来不问他分数和名次,只问他:"两次考试之间,自己认为什么地方有进步?什么地方则退步了?"经过这几年的训练,他现在会告诉我:"上次我写不完,这次不仅写完了,还有时间检查。"或者上次考试因为紧张而表现失常,这次考试一点都不紧张。这何尝不是一种进步!

让我更感动的是,他竟然会主动表示自己的数学退步了——因为比较少花时间在算数学。我反而赞美他说:"你觉察到自己退步,表示你已经开始有反省;恭喜你,你已经进步了!"

只要孩子能够真正用心去检验自己,千万不要拿他跟别的孩子比;让他自在地面对自己,自己跟自己比,他的自信就来自这里,而不是靠别人的鼓励来肯定自己。

● 培养良好EQ,成为不可替代特质

另外,我们还需要训练孩子的EQ,亦即对情绪管理的训练。你自己的EQ好不好?你有没有因心情不好而说错话或做错事的经验?这种情形很多人都曾碰到。

有一次，一家上市电子公司大规模裁员五百人；从电视上看到那五百名员工一把眼泪一把鼻涕、拿着自己打包的箱子走出公司大楼时，我的感想是：公司有这么多人，为什么偏偏是这批人遭到裁员？这大概只有一个解释：这批员工缺乏具有竞争力的个人特质，在公司里面有没有他都一样，很容易就可以找到替代他的人。

什么是不可被替代的个人特质呢？也许你会认为应该是"专业"吧？其实不是。因为，专业是执行业务必要的条件，任何人只要从事某一行，就一定要具备这一行基本的专业，所以专业并不是竞争力。当两个人都拥有相同专业的时候，公司会看重的，是你拥有别人没有的特质，这才是真正的竞争力。

要提高孩子的竞争力，可以从几个部分着手，像是培养孩子在音乐、体育、创作、人文艺术、人际应对等方面的能力，这些都是十分个人化、不可替代的特质，让他特别地与众不同，可以做到别人做不到的事情。

例如，有些人的人际关系特别好；同样是请客吃饭，他会贴心地想到送女客人一束鲜花，增加宾主尽欢的气氛，令与会人士印象深刻。这样别出心裁又贴心的举动，就是拥有良好的EQ，也就成了他的优势。

●训练沟通能力，引导孩子说明心意

如果你缺少这种别人想不到的创意，也可退而求其次，选择别人都不愿意做的苦差事来做，也是一种高明的EQ；即使吃

力不讨好,但可确保市场上没有人跟你抢,也能保有一定的竞争力。如果这两样都做不到,只有走第三条路:一定要做得比别人好,让别人非找你不可,才能保有自己的竞争力。

要让自己的专长有比别人多一点不一样的地方,才不容易被取代,而这也是我们要帮助孩子在未来方向和思维上好好规划的地方。

所以,你一定要让孩子自己去思考,找出解决问题的方法,不要急着给孩子答案;唯有他自己经历过那一段过程,他才会懂得怎样细致地剖析自己,精准地做出决定。这个能力可能比你留给他的任何财产还要重要,也是对他的未来真正有所帮助的。

再则,我们要培养孩子的沟通能力。沟通是绝对需要被训练的;当你看到孩子的脸色很难看时,你询问时他就会说吗?假如孩子不愿意把心事告诉你怎么办?我们的天才老爹、天才老妈可能会跟孩子说:"哪里不舒服吗?还是有人欺负你了?""是不是掉了什么东西?"这下可好了,本来是问答题,现在变成选择题。你多问几次,孩子就懂了——下次随便编一个答案就好,以免爸妈一直追问下去。

这种应付式的沟通,其实不叫"沟通",因为沟通应该是绝对开放、没有预设条件的。通常我都会问:"怎么啦?现在不讲没有关系,等你想讲再说吧!"如果我听了觉得不够,就继续问:"还有吗?"引导孩子往下说;不要预设立场或太快下结论,让孩子觉得跟父母沟通没有用。

●接受挫折磨练，学会解决问题关键

我们还应训练孩子发现问题以及解决问题的能力。真正快乐而且有智慧的现代父母，都应该乐见孩子具有判断和独立解决问题的能力。只是，许多父母都有这样的疑虑：看到孩子做出错误的判断时，不知是该叫他停，还是任由孩子继续选择错误的经历和过程。

我的建议是，只要不是太离谱，即使父母不认同孩子的选择，也不妨适度放手，让孩子自己去接受挫折磨练；父母只要陪他经历这一段人生应该去实际面对的过程，包括他自己的情绪、压力和人际关系。

孩子也许在这过程中多绕了一些路，但这些历程其实并非徒然，至少他学到了教训，知道人生不能随便下决定，以免做出错误的选择。既然自己已经做了选择，就得扛起责任来，否则永远学不会发现问题和解决问题！

（本文根据演讲整理摘录）

做可以聊天的朋友
——没有压力的亲子相处

/张资宁（家庭关系发展协进会理事长）

在所有人际关系中，最好的沟通就是学会倾听；在你听清楚什么人、什么时候、发生什么事及他当时心里的感受之后，才能够帮对方做出整合。

打通亲子的任督二脉

我们上一代,每个家庭的孩子都很多,父母赚的钱全都用在孩子身上,有时还不够用,生活过得十分辛苦。反观现今的家庭,孩子的数目减少了,每个孩子可获得的教育资源比以前多,但教养问题却不减反增。这究竟是为什么呢?

●爱与被爱,造成压力反有害

实际调查发现,有些青少年从小学五六年级就开始逃家或不喜欢回家;其中必定有些问题,才会让孩子在家里待不住。找出问题的症结,重新建立良好的家庭关系和亲子互动,才是根本的解决之道。

有一年中秋节和朋友夫妇一起赏月,朋友的太太说:"这个暑假真是辛苦,所有时间都给了孩子!"原来,他们家小孩虽然才念小学二年级,暑假中却报名学了七八样才艺,包括心算、陶土、游泳、画图、书法、电脑等;可想而知,孩子的妈妈自然就成了"出租车司机",从这里接送到那里,每天疲于奔命。我听了着实吃惊:这孩子才读小学就学这么多,以后进了初中,父母的期望岂不更大?

许多父母总有"望子成龙、望女成凤"的心态,为孩子做牛做马,无微不至而甘之如饴,希望孩子样样都好,成绩好、表现好。但是,付出太多,相对的期望也高;一旦孩子表现不如预期,就会有很大的失落感,甚至开始给孩子压力,在亲子之间制造很多对立。而这些失望、挫折和无奈,对孩子的成长又会造成许多情绪上的伤害。

其实,天下没有不爱子女的父母,只是,我们爱的方式、表达的方法、使用的言词或呈现的情绪,有时让孩子觉得有压力,被爱得很痛苦、不甘愿,这就枉费了父母的一番心意。所以,面对青春期少男少女,要建立真正健康的亲子关系,才能达成良好的互动。

● 良好沟通,从倾听开始互动

父母要跟孩子建立良好的关系,一定要从倾听开始。孩子上了初中以后,学习的环境全改变了,不同科目由不同的老师教,孩子可能一天只跟导师相处一个小时,心中难免觉得孤单。

因此,当他放学回到家时,父母若能够放下工作,陪他坐上三十分钟,听他谈谈学校的事,多了解他的心情和感受,如此一来,孩子对于初中的生活便较能适应也较快乐,因为他感受到父母跟他一起成长。

不管孩子说什么,你都应该全神贯注地倾听,把焦点摆在他身上,这是亲子之间最重要的沟通技巧。当我们在跟孩子互动时,不单要了解他心里在想什么,也要借此了解孩子要的是什么、他的能力和性向在哪一方面;最糟的是,听到孩子所说的不符合自己的期望时,马上表示不同意。

在所有人际关系中,最好的沟通就是学会倾听;在你听清楚什么人、什么时候、发生什么事及他当时的感受后,才能帮对方做出整合。例如,孩子若说他很讨厌老师,可能是因为上课时老师都把焦点摆在别人身上,好像忽略了他;这时,你若

打通亲子的任督二脉

一直帮老师解释,而不站在他的立场说些安慰的话,孩子可能会认为你老爱落井下石,以后就不再把事情告诉你了。

● **调整角色,把孩子当成朋友**

你可能会说,如果孩子做错事,不该批评、提醒他吗?当然,如果孩子真的有错,是应该提醒他。但是,你怎么知道他真的做错了呢?在还没有完全了解真相时,怎能这么快就确定孩子是错的?即使孩子真的做错,你也要知道他是故意还是无心。所以,刚开始时一定要站在孩子这一边,认同他的情绪,了解他的心情,等他情绪过后才会听你的。

所以,良好的沟通不是只有听孩子说的话,还要听他的心情,这样才可以抚平他的愤怒、不平、敌意等情绪。当他觉得自己受到注意和尊重,心中所受的委屈和内心想法也可以发泄出来时,心情就会好过些。这时再跟他沟通,即使是相反的意见,他应该也能听进去了。

唯有充分了解孩子的意见、心情及感受之后,你才能适当地表达身为父母的意见。比如,儿子外出时说好晚上十点以前回家,可是却很晚才回来,也没有事先打电话。这时,父母先别生气,也别骂他,不妨平心静气地问:"我等你很久了,是什么事情让你这么晚回来?"

让他先讲,讲完之后再告诉他,这种情形会让父母很担心,希望他下次如果不能按时回来要先打电话报备。这才能真正地解决问题,光责骂是解决不了问题的。

大家都喜欢和"可以聊天"的人说话，因为他们会听，自己也能够表达；你是否能成为孩子聊天的对象、成为他的朋友，便取决于会不会听他说话。所以，对初中阶段的孩子，父母需要调整角色，把他当朋友、当大人看待，适当地尊重他。

●人各不同，应挖掘孩子潜能

在增进对孩子的了解上还要注意以下几点。

一、避免使用权威和控制型的沟通模式，以免造成孩子的紧张及压力。

二、父母要试着改变自己的第一个感觉或反应。因为，当我们的直觉反应太强烈时，会让孩子觉得没有下台的余地。

三、试着用不同的方法让孩子说出心里的话。

四、要接纳并给予孩子支持及关爱。

同时，父母要了解孩子在青春期前后因生理改变而产生与以前不一样的行为和想法，不能硬要扭转他变回以前的样子。其次，父母要考虑孩子的个别差异。在同一个家庭里，哥哥表现好，弟弟却不一定；妹妹书读得好，姊姊未必一样学业出众；"人比人气死人"，不要拿自己的孩子跟别人比，也不要将自家孩子做比较。有些孩子天生与众不同，做父母的要加倍辛苦、加倍用心栽培。

所谓"行行出状元"，在孩子的成长或学习能力上，父母应致力于挖掘孩子的潜能，给他最好的教育刺激，把他的潜在能量发挥出来。当孩子学业成绩不甚出色时，并不代表他这一

打通亲子的任督二脉

辈子就完蛋了；相反的，应该帮助他发展读书以外的其他专长，这也就是为何现行的教育政策要破除所谓的"升学班"与"放牛班"。认同每一班、每一个孩子都是好孩子，他们的学习表现也许就会不一样，不是只有会读书才是"好孩子"。

成长中的孩子就像一张白纸，也像一块璞玉，就看我们作父母的怎么去琢磨。

● **循循善诱，引导孩子向前走**

当我们学会沟通后，应该帮孩子做成长规划；因为，孩子不是生下来就知道将来要怎么做，他们还有很长的路要我们陪伴他、带领他。

在亲子关系里，父母可运用一些方法鼓励孩子往好的方向走；当孩子达到自己规划的目标时，要实时给予增强，包括口头夸奖、肯定，无论精神或物质的鼓励都极有必要。比方说，允许孩子比平常多看半小时电视，或多给他一点零用钱，都是可采用的方法。

当他进入初中后，父母可以引导他一起规划生活作息，包括每天几点回到家、回家之后做什么、何时做功课；而不是在他看电视时就骂他，不洗澡又骂他。只要肯跟孩子一起讨论，他们投入及参与的意愿就会更高。计划完成后给他一些空间，比如一星期或一个月才检查一次，让他一步步成长；同时也是尊重他，让他学会自己安排时间。

若他没有做到，便可以用减少看电视的时数或零用钱等限制。但增强与限制只是一种手段，应交互运用，慢慢提升孩子的荣誉感，增强他对自我的要求，让青春期的孩子学会对自己负责，才能愈变愈好、愈来愈懂事。

● 三大需求，务必尊重与满足

从成长阶段的身心发展来看，青少年有三大需求，包括隐私的需求、被爱的需求以及独立冒险的需求。父母若能尊重并满足孩子这些需求，对改善亲子关系是十分有帮助的。

◆一、隐私的需求

孩子小时没有所谓的隐私问题；进入青春期或初中阶段，会开始想要有较多的私人空间，例如有自己的房间及隐私权。当你懂得尊重他，孩子也会尊重你。假如你发现孩子有些异常，可以婉转地和他沟通，但不要侵犯他的领域和隐私——就像你我的隐私也不希望被人侵犯一般。

◆二、被爱的需求

父母失和、缺乏和谐的家庭关系，都会造成孩子的情绪不稳定。所以，父母要自问，是否能提供一个安全的环境，让子女在情感上能够健康地成长。

除了安全感之外，更重要的是，当孩子的学习成就没有达到父母期望或要求时，父母应留心自己的态度和言词，不要让孩子觉得父母不再爱他。毕竟，父母对子女的爱，应该是可以

打通亲子的任督二脉

接受孩子的一切,而不是因为他有什么成就与表现,这样孩子才会产生安全感。

◆三、独立冒险的需求

独立冒险也是青春期孩子的特征。有个朋友回忆起,高中时想与同学来一趟脚踏车长途之旅,从台北到中部来回,还有几位同学约好一起去,他原本担心父亲会不答应,便可能被同学们看不起。幸好,他父亲很明理,非但没拒绝,还告诉他:如果到了中部骑不回来,坐车回来也没关系。就这样,他当年跟几个同学从台北阳明山一路骑到南投。

在子女学习独立的过程中,只要不会有太大的危险,父母应放手给孩子更多成长空间,彼此多尊重、多体谅。当他们学会独立后,父母的担子便能减轻许多,双方岂不皆大欢喜?

(本文根据演讲整理摘录)

追梦与圆梦
——探索自己，规划生涯

/黄素菲（阳明大学人文与社会教育中心副教授）

幸福的人生除了外在的成就之外，还需要内在愿望的实现。探索自己，建构符合自己本性的核心生涯目标，充分挥洒潜在的能力，人生才不致有所缺憾！

我在医学院任教时看到,许多医学系的学生对生命科学及淑世救人,确实怀抱着热诚与理想;却也看到,有些学生之所以念医学院,只是从小在父母的期勉下一路考进医学系,但学医并非他们自己的选择与兴趣。

● 决定子女生涯,想想这是他要的吗?

父母常理所当然地以为自己是为了孩子好,却忘了时代变迁,社会的趋势是不断在改变的。比如说,上世纪六七十年代,那时大多数中学生升学的第一志愿是台大土木系;到了八十年代,就变成电机系,九十年代是信息系,到了二十一世纪初期则是法律系和政治系当红——政治在三十年前却是个冷门专业,这些转变不是我们可以预测的。因此,父母如果依自己的经验决定什么是最好的,并把它加诸孩子身上,反而会形成二三十年的落差。

想一想,成长的背景是如何影响你的抉择或判断?是否因为家里有人当老师,你看到了当老师的好处;或是家族中有许多人从医,觉得有熟悉感,而影响自己和孩子的生涯规划?如果这是父母的决定,这样的生涯适合孩子吗?这是他自己想要的吗?

我辅导过一个学生,他觉得考上医学系对他来说是一种惩罚;他从小成绩一直很优异,却没有选择的自由,似乎台湾的师长们都认为他应该选择医学系,没有理由弃医从文或高分低就。

一般人都希望有一份稳定的工作,但必须考虑到这样的生活形态是不是自己所要的?以医生为例:一大早就要到医院查房,接着是八至九点的晨会,九点开始看诊,有时还要参加医疗研讨、教学、做研究……一天工作可能超过十二小时;如果你的特质是喜欢悠哉游哉地过日子,一旦成为医生,心理上的压力可能很大。

只为生活而工作其实是很辛苦的。在选择科系与未来的生涯时,要评估自己的性格与气质和所要选择的工作形态是不是相符合。若是能把工作和生活结合在一起,工作是手段也是目的,会让人感觉比较幸福;而且,工作本身是自己所感兴趣的,才可以优游其中,充分享受那个过程,做起事来更加如鱼得水、事半功倍。

●剪断心理脐带,帮助孩子不再依赖

人生中总会有一个想要探索自己人生方向的阶段,这段期间短则三年,长则五年。很多人在十八岁之前没有机会思考未来的人生要怎么走,因为父母亲通常只要孩子把书念好,其他的一切都替他打理好了,一旦进了大学,他反而觉得自己很无能,连基本的生活能力都没有培养好。

这时,他面临的另一个困惑是:我是谁?我要开什么花、结什么果?他对时间的安排、金钱的运用等方面开始有自己的想法,不再把时间都花在读书上,而觉得参加社团和读书一样的重要。父母面对这个情形,若仍沿用旧的关系模式想要控制

孩子,就会开始觉得管不住了。"咦?怎么十一点了还没回到宿舍?上哪儿去了?"像这样的问题就会不断产生。因为搞不清孩子的动向,好像孩子的翅膀长硬了就要飞走了一般,亲子关系难免陷入焦虑、紧张,甚至出现权力的拉扯。

其实,这是每个人从小孩成长到大人所必经之"第二次剪断脐带"的历程;第一次是出生时剪断生理的脐带,这次剪断的是心理的脐带。慢慢地,他将成为一个独立自主的个体,有自己的人生方向,学习为自己负责。这时,父母应该做的是成为孩子寻找人生方向的左右手,帮助孩子不再依赖,建立自己的人生目标。

幸福的人生除了外在的成就之外,还需要内在愿望的实现。所谓"愿",就是"原"来的那一"页";原来的哪一页呢?就是深植在自性当中、与生俱来的那一页。探索自己,建构符合自己本性的核心生涯目标,充分挥洒潜在的能力,人生才不致有所缺憾!

●家庭教养习惯,孩子天天耳濡目染

你心中最重要的人生价值是如何形成的呢?以我来说,小时候由于贫穷,妈妈对于如何赚钱、省钱都有一套,她很会赚钱却极度节俭。有一次,她投资土地赚了钱,很难得地带我们去吃西餐,到了餐厅,妈妈替我和姊姊各叫了一客套餐,她自己却不吃,害我那一餐差点吃不下去……

我的父亲因经历过战乱的年代,所以养成囤积生活用品的习惯，家里经常有好几打牙刷，盐巴、酱油一堆，还有用不完的卫生纸……有一次朋友到我家，经他点醒，我才发现自己也有这样的习惯，家里也有几打牙刷、用不完的卫生纸……

虽然我不是很认同这样的行为，但在那种生活模式下耳濡目染，潜意识里便会觉得"要用时没得用是很可怕的"；虽然我们家楼下就有好几家便利商店，我还是不知不觉养成了"有备无患"的习惯与行为，受了父亲很深的影响。

你认为人生最重要的是什么？为什么它很重要？请你回顾人生中对你而言重要的事；这些事往往自然而然、在不知不觉中就转移到孩子身上，你会认为这对孩子也很重要。像我妈妈，因小时候家里很穷，祖母不肯将两只猪卖掉以筹措学费供她读师范学校，无法成为教师让妈妈一辈子引以为憾，所以一直希望我读师专，将来可以做一名教师，弥补她的愿望；当我放弃念师专时，她还生了很久的气。

在成长的岁月中，有一度我恨妈妈太过重视金钱，甚至认为她要我读师专只是为了省钱；在我当时的心目中，妈妈是个守财奴、吝啬鬼，认为她把金钱看得比我重要。那时常做一个梦：我开了一部大卡车，载着满满的钱倒在我家客厅，几乎把她淹没。所以，后来考大学填志愿时，我不填所有与钱有关的专业，像是银行、会计、企管等，也与这个成长经验有关。那么作为父母的你我，是否能察觉，自己的人生价值或生活形态，是否在无形当中，影响了子女的生涯方向？你喜欢这些影响吗？还是你想做些改变？

打通亲子的任督二脉

●增进亲子互动，父母角色需要调整

在协助孩子规划生涯、探索自我的过程中，父母的角色也必须做适度的调整，避免掉入社会既定的刻板模式中，才能让孩子畅所欲言，把自己的想法说出来，借此与父母共同交流，增进彼此的了解。

例如，你是否能够跟孩子打成一片、玩在一起？和孩子两个人手勾手一起去逛街，一起去打球，一起泡温泉，一起去玩孩子喜欢的游戏……记得，泡温泉时可不可以别管他头洗干净了没？父母往往很难放下父母的角色及"职责"，孩子看父母便只有权威、控制，而没有了解、同理……那使得孩子很难靠近你。

我在大学开了一堂"故事叙说与心理成长"的课程，同学们在课堂上要讲出自己的家庭故事。班上三分之二的同学觉得他和父母之间的联结只是课业，这就形成一个僵化的心理剧本：每当父亲一靠近，他就预料到父亲又要问他的成绩了。父亲说："你这学期的成绩怎样？"儿子回答："还好。"父亲不悦地又问："什么叫还好？"儿子不耐地回说："还好就是还好！"于是，一道无形的墙挡在父子之间。

良好的亲子关系是要及早建立的；在孩子学习与成长的阶段，不要让亲子间的互动只剩下课业层面，而在其他方面都很空洞。

我曾问一个学生："什么时候你觉得与父母比较亲近、没有疏离感？"他说，有一年暑假，父亲带他去钓鱼，他当时天南地北地和父亲闲聊，愿意和父亲谈生活上一些有趣的事；问他为什么？他说："那时候爸爸没有把我当儿子看，比较像是男人和男人之间的对话。"

但是，离开那样的情境，回到日常生活中时，父亲的刻板形象又出现了。亲子关系经常会这样，无形中就掉入刻板的角色关系模式里，阻断了彼此的情感交流。

因为每个父母与孩子都是独特的，所发展出来的关系自然有所不同，所以没有什么标准模式；只要是适合孩子的，就是最好的模式。也就是说，在亲子关系中彼此应该是自在、愉快的，双方觉得被了解，这就是最重要的。

●鼓励追求梦想，建立自信实现愿望

看过《牧羊少年奇幻之旅》这本书，里面描写的是：一个充满梦想的牧羊少年，卖掉三十几头羊，随着沙漠远征队横越沙漠寻找梦中的宝藏，最后实现了自我。在世俗的眼光中，可能认为这个孩子真不务实；因为，三十头羊在北非代表的意义是可以结婚生子、从此过着安稳的生活，这个孩子却要舍弃安稳，追求一个遥远而不确定的梦想。

我们经常告诫下一代说：要脚踏实地，别好高骛远！但我觉得，要允许孩子们做梦，会做梦的人才有能力去完成梦想；连梦都没有的人，就不会有方法和机会去完成梦想。不过，梦想不该是空中楼阁，而是有目标、有计划的。

心理学家阿德勒（Alfred Adler）说："我们都需要一个梦幻目标。"他本人得了软骨症，却想象自己长得又高又帅；佛洛伊德曾说他是一个无可救药的自恋者，他的自恋其实是极度自卑所造成的。他后来立志苦读，倾尽一切力量在心理治疗上，包括时间、耐心、毅力，不但摆脱了自卑，还成为个体心理学的创建者，提出"超越自卑，追求卓越"的重要理论。

阿德勒还提出虚构的终极论（fictional finalism）：人对未来要有一种想象，这种想象就是一种梦幻目标；但梦幻其名、献身其实，能因此铺设出一个丰富的人生过程，他称之为生活的风格（style of life）。

人的一生不能如愿就会有"怨"；"愿"即"原心"，意思是"原来的心性"，繁体字的"愿"是"願"，意思是"成为自己原来的那一页"，找到"愿"，才能成为一个发现自性的人；找到自性才会有自信，也才能充分地发挥自己的潜能。如愿之后就敢于承担自己，达到"随处做主、立处皆真"那种淋漓尽致的感觉，我们都希望能活成这个样子。

我们可以这么说：一朵玫瑰花活成一朵如其所是的玫瑰花，才是一朵真正的玫瑰花；一个人活得如其所是，才是真正完整的人。如果把玫瑰花换成你宝贝子女的名字，念一次，放在心中。让孩子活成如其所是的他自己，是最圆满的生涯规划。

● **提供机会探索，适性发展快乐生活**

父母给孩子的最好礼物，便是在能力范围内尽量提供他探索的机会,尤其是从小时候就开始。

什么是探索的机会?当孩子看到某样玩具,站在那里怎么也不肯离开时,请不要骂他:"玩具有这么好看吗?如果你读书有那么认真就好!"此时可以和他谈一下,了解让孩子流连忘返的原因是什么。

每个吸引孩子沉浸其间的东西,对他来说都是一个有趣的世界,让他有机会去探索自己;不要管他是否只是短暂的兴趣,也不要管到底适不适合。在协助孩子探索他自己时,我们也不免担心:"如果他立志要当文学家怎么办?"诸如此类。你或许认为世界上顶尖的文学家很少,而觉得孩子在作白日梦;可是,谁知道他不会是未来的莫言?

请不要再被"男人该做男人的事""女人该做女人的事"这样的分类所制约;未来的世界将是"成为一个完全的人",比成为男人或女人还要重要。男性也要发展女性的特质,阴柔不代表软弱,它代表体贴以及敢于求助;女性也要发展阳刚坚毅的一面,即使身边没有人可以依靠时,依然可以坚强独立地活下去。允许如此平衡地发展,人会活得比较快乐。

因此,让孩子了解他的能力,使他有一个恰如其分的人生发展平台;让孩子了解自己的兴趣,便会有源源不绝的动力,自然而然地投入所从事的工作领域之中。

最后要思考的是,在生涯规划中,一生真的只有一次选择机会吗? 现在有一种新的生涯观点认为,未来的世界不再是一生只能选择一种职业,每个人的生涯每十年都会经历一次转换,前十年和后十年甚至可能是一百八十度大转变,而且都是精彩的。

以作家侯文咏为例:他开始工作后的前十年是医生,现在是作家,他预告说未来十年想成为一个导演。已故画家刘其伟,他职业生涯的前二十五年是工程师,之后的二十年是画家,在近六十岁时成为人类学家;在别人眼中,这些工作毫无关联,他却自有定见而乐在其中,丰富地走完他的一生。所以,不论目前的工作为何,只要能够乐在其中就可得到满足。

(本文根据演讲整理摘录)

认真过生命中的每一天
——乐观向上的精神力量

/钱永镇（晓明女中教师、生命教育课程讲师）

教导孩子"认真过生命中的每一天"，除了要培养好的生命态度与好习惯，还要让孩子对未来有一些理想和希望，陪孩子朝自己的志趣和希望目标前进。

我在学校教授"生命教育";有一天,我的孩子问我:"爸爸,什么是生命呢?"

我一时愣住了,不知道要从何说起。我只好说:"生命就是每一天的生活,你要让自己活得更好!"

他说:"我本来就很好呀!即使有时心情不好,但也不会太糟!"慢慢的,我发现,与其跟孩子谈"生命",还不如跟他谈"一天";因为,人的一天就好像生命的缩影,一天的生命品质可以代表你这辈子要怎么过。这就是我一直想教给学生和孩子的事情。

●睡眠质佳,生长和学习都顶呱呱

一天的生活要从"睡眠"开始说起。对初中、小学的孩子来说,睡眠好,考试的成绩才会好。孩子在沉睡中,脑子会将当天所见所闻自动整理、归档,就像图书馆一样,所学到的东西才会深深印在脑海中,记忆力才是既深且长的;反之,如果睡不好,他的脑袋瓜必定乱七八糟,无法记住自己所学过的东西。

我们怎么知道孩子们睡得好不好?在学校午休时,常会看到很多人睡到醒来后发现口水一摊;虽然"有损形象",但精神特别好。为什么呢? 因为他们睡得很熟。

人在沉睡时,身体会分泌一种生长激素,刺激身高和生理发育;尤其是初中阶段,升学压力很大,更要注意睡眠品质的问题,可别因为睡不好而造成记忆力衰退以及长不高。

有些家长问，怎样检视孩子睡得好不好？是不是睡眠时间愈长愈好呢？那可不一定！

据生理学家研究，每个人所需要的睡眠时间长短不一，平均是六到八小时，但也有人睡得比较少；只要拥有良好的睡眠品质，一上床就沉沉睡去，即使时间稍短一些也没有关系。

第二种检视孩子睡眠是否充足的方法，是看他早上起床的样子。如果每天起床都要人家叫，又亲又哄地拖上老半天才肯起床，这是"被动型"的孩子；还有时间一到自己就会起床了，这是"规律型"的孩子。但是，规律型的孩子并不是一出生就能够自动自发，而是渐进式地自我训练而成；例如，刚开始需要父母督促他准时上床睡觉、定时起床作息，慢慢地就可以利用闹钟来叫他们起床。

如果少了前面的要件——充足的休息和良好的睡眠品质，光靠软硬兼施、希望孩子一听到闹钟就能自动起床，实在不太可能；很多人听到闹钟响起时，第一个反应就是"啪"地一声关掉闹铃，继续多赖一下床，不是吗？由此可见，规律性高的孩子都是靠后天慢慢培养的，关键就在于孩子小时候的教养方式。

●全能父母，让孩子逐渐失去自主

孩子一出生，最先要培养的是信任：信任妈妈会喂奶、保护他、跟他玩……也信任自己能接受妈妈的爱与别人的关怀。其次则是自主性的训练。

规律性高的孩子，晚上睡觉、白天起床的时间都很有规律，

睡眠品质也最好，一点都不需要父母操心。

"自己的事自己做"，这是一个很重要的管教原则；也许孩子现在的能力还不够，但至少可要求他们自己的碗自己洗、自己的鞋子自己穿、自己的手帕自己洗……随着年龄增长，渐渐增加他的自主性范围，这是在培养责任感方面很重要的一环。

可是，现在的爸妈都会说："你只要把书念好，其他的我来帮你做。"结果，你就变成"孝顺儿女"的标准父母。这种"孝子型"父母不但剥夺了孩子的成长，也会助长他们的依赖性。

我的孩子念低年级时，有一次起床晚了，上学迟到，竟然骂我："都是你们不叫我，害我迟到！我早就说过好几遍，早上一定要叫我起床呀！"口气还很凶呢！当时我听了就觉得奇怪：明明是你自己不起床，怎么变成是我们害你的呢？

如果父母未警觉到这一点，将来孩子要怪的事情会越来越多，像是上课忘了带东西便怪父母没帮他整理书包等；如此衍生下去，你会发现孩子的自主性一点一滴地消失了。

孩子的自主性一旦被抹煞，下一个影响就是"自动性"的消失。现在的老师最担心的就是学生太被动，不说就不做；为什么呢？因为孩子从小就被爸爸妈妈限制住，这个不准碰，那个不能摸，不能随便去做自己想做的事。这会使孩子在知识的追求上，渐渐丧失自动自发的精神。

● 信任孩子，让孩子做好该做的事

每个孩子在成长阶段都有一段时间喜欢问"为什么"。比如，我家老二有一次问:"爸爸，为什么面条煮好时会那么烫?"我说:"当然会烫喽，因为面是用热水烫熟的呀!"他又问:"面为什么要用热水烫呢?"他就这样一直问，问到我很生气地说:"吃面就吃面，有什么好问的!"

就像我这样，通常是因为爸妈被孩子问得很烦，到后来发现自己也不太能回答，干脆就叫他闭嘴，不准问了。

这种自动性的探索，对孩子日后求学的态度会有很大的影响。如果他好奇时一再碰到父母或师长的禁止和限制，将会使他慢慢降低自动自发的行为及兴趣，以致在求学碰到问题时，也不会自己设法解决。

因此，许多教育心理的书都会告诉家长该对孩子这样说:"对啊! 我们来研究一下，为什么会这样子?"把问题丢回给孩子思考;或是说:"我们一起来查查看，哪些书上有写这个。"跟孩子一起探索。可是，现代父母一来没有那么多时间，二来家里从来不买书，根本无从满足孩子，解决他生活中的种种好奇心;久而久之，就会变得既被动又依赖性重。

这种自动性和自主性的性格，不是一两天就可以养成的，而是要从小就教好。怎么教呢?

就是要"信任孩子"，相信孩子可以自己做，同时也要多鼓励他做好自己的事;其次则是要让孩子养成"勤劳"的好习惯，小自早睡早起、自己洗脸梳头，大到简单的家事分配，让他养成持之以恒的生活态度。这就是认真看待生命的第一步!

这些看似与"起床"的动作无关，其实却是大有关系。只要你细心观察,孩子睡醒以后,从起床穿衣、刷牙到梳洗完毕,他的动作是慢吞吞的还是速战速决的,就可以了解孩子的生活习惯如何。如果他洗个脸要花二十分钟,你能期待他能时时表现出"神采奕奕"的样子吗?不要说是你,连他自己都不会相信。

所以,不妨注意一下,孩子平日梳洗要花多少时间?他的动作是快还是慢?如何在这些小地方上提醒孩子自我管理,建立一定的生活步调,才能帮助他有效率又愉快地度过一天。这是父母亲最重要的功课。

●成长陪伴,顺着孩子的特质发展

如果家有初中以下的孩子,千万不要让他自己坐在那里想读书计划,而是应该陪他先做一部分以后,再跟他讨论接下来要怎么做。除非这个孩子比较成熟,有把握自己订读书计划;否则,我建议老师先给一个读书建议单,让孩子按部就班地进行,到某一程度以后才放手让他自己去规划时间。

这种生活的节奏感要"快",才会产生"能力满足感",让他感觉到一天过得很有精神。有位台大教授说:"早上起床跟自己讲话时,如果习惯说的是好话,就是一辈子的好习惯;如果是不太好的话,这一天可能就毁了一半。"

例如,孩子一起床就对自己说:"我今天会很努力、有收获。"大大好过一起床就说:"完了,今天怎么会是阴天?"这在心理学上叫做"自我应验"。所以,爸妈要示范给孩子看,不要一起床就抱怨，或用表情告诉孩子，今天一定会过得很糟糕。

我每天早上起床就提醒孩子："起床时，我们要很努力地对自己说：'今天我一定会很认真投入、有收获！'"久而久之必然会对孩子产生正面的影响。

在日本还有一个很好玩的风气是，如果家中有人要联考，爸妈就会带着全家人跑到公寓顶楼，头上绑着写有"必胜"的头带，大声叫出："××必胜！"据说，这样对孩子的信心、士气有很大的鼓舞作用呢！

最后我要特别强调，除了生活节奏加快、多用正向思考、自我激励之外，还有其他让孩子培养好心情的方法，像是吃早餐时放一段旋律轻快、柔和的音乐，或是鼓励孩子走路上学，借着大跨步地走路，增进体内新陈代谢和氧气的吸收，心境自然平和而愉快。

教导孩子"认真过生命中的每一天"，除了要培养好的生命态度与好习惯，还要让孩子对未来有一些理想和希望，陪孩子朝自己的志趣和希望目标前进。

每个孩子的成长速度不一样，你不能硬性规定他一定要念普通高中、考大学；应该顺着孩子的特质发展，他要怎么转，你就陪他怎么走，才能认真地过好生命中的每一天！

（本文根据演讲整理摘录）

爱的存款
——亲情要靠一点一滴的累积

/方隆彰（任林教育基金会督导，台北大学社工系兼任讲师）

我一直认为，孩子是老天爷送来让我们一起学习的，不是让我们"管教"的；所以，每当有问题发生时，其实是彼此学习的开始。

每次去外地演讲或上课，一大早就得出门；有时碰到假日，家人都还在睡觉，临出门时，太太总会翻个身对我说："加油！"目送我出门。

简单的话语，包含着许多关心和支持，让人感到很贴心；出门时有个人帮你打个气，那种温馨美好的感觉，即使只有几分钟，日积月累下来，也能使人在心底产生很大的正面能量。人与人之间的关系，就是靠这一点一滴累积起来的，我们称之为"爱"。

●用行动表达对家人的关心

"爱"不是用说的，而是要用行动去做的；尤其是每天一早当我们要出门的那一刻，就是一个很重要的开始。家人平日互动好不好、彼此之间关系怎么样，在这个时候最能展现无遗。

有位妈妈，每次要出门听演讲时，孩子便会预先祝福她："希望妈妈今天听演讲有很多收获！"或者："妈妈，你放心去成长吧！我们会在家里好好看书、写功课。"你说，这位妈妈听了，心中会不会很欣慰、很感动？

这些话语背后所传达的，不仅是家人的关心与爱，更多的是"信任"——孩子相信妈妈去听演讲，可以获得心灵上的成长，对家庭和谐有所帮助；妈妈也相信孩子自个儿待在家是OK的，不必担心自己一不在，孩子就会跑出去或在家作怪。

这就是爱的表现、爱的互动；双方在简单的言语中，就能接收到对方的关心与祝福。那种"我真的在乎你、关心你"的感觉,让人每天出门时,心中带着满足与欢喜,高高兴兴出门,也要平平安安回家;即使外面有天大的艰难或多少危险诱惑,也不致迷失方向,因为家中有人在等着你。

可是,在现实生活中,很多家庭每天早上就是一场紧张关系的开始。"快一点啦!赶快起床啦!不然来不及了,上学要迟到了!"好不容易把孩子叫起来,又担心他的动作太慢,来不及吃早餐;吃了早餐又得提醒他,东西不要忘了带……每天就像作战一样,紧张万分。就算你想出门前来个温馨话别、深情鼓励,心情和口气可能都不会太好。

这就是为什么很多父母的临别叮咛,例如:"到学校去不要跟人家打架,要听老师的话,听到了没?"明明出发点是好意的,却让人听起来带有负面的指责或要求,孩子怎能感受到父母的用心?

因此,我们要时时提醒自己,亲情是一点一滴累积起来的,人与人之间的疏离及隔阂也是一点一滴形成的;我们希望跟别人建立什么关系,或希望别人如何对待我们,首先要从互动的品质开始。想想看自己可以怎么做,能让彼此的感觉变得更好,就在话语和行动中传达你的珍惜、鼓励和关心;时间久了,自然就变成一种习惯——不用多说什么,对方就知道你要传达的心意,这就是"爱"了!

●别让孩子在家也绷紧神经

我在工作中常听到许多家长说:"老师,怎么办?我的孩

打通亲子的任督二脉

子最近变坏了！不但很爱顶嘴，而且口气很不好；要不然就是不讲话，问他什么，都说'没有啦''烦啦'！是不是交到了坏朋友？"

不要忘了，亲子互动中的转变也是一点一滴形成的；从量变到质变，都有一些过去种下的因。如果不了解这些变化的演进，一味要求他听话、顺从，只会让孩子觉得无法跟你沟通，亲子关系更加疏离。

比方说，有一个朋友跟我抱怨，自从孩子上了小学，他比以前更忙了，每天都得很早起床，很晚才睡觉，连星期天都不得休息；我问他在忙什么？跟孩子念小学有什么关系？

他说，因为每天晚上都要陪孩子做功课，孩子的动作又很慢，常常要拖到十一二点；而他又帮孩子买了很多测验卷，要求他一一做完，如果不在旁边陪着、盯着，孩子就会偷懒。我听了很意外，他的孩子才念小一就让全家如临大敌，再长大一点，岂不是草木皆兵了？

他的孩子从小就很聪明，凡是家中的亲友电话、生日，大大小小的事情，只要跟他讲过一遍，孩子马上就能背下来，数字观念非常强；现在只不过动作慢了一点，讲话也是慢条斯理的，就让父母担心得不得了。

你可以想象：对孩子而言，上小学之前，大家都说他的记忆力很棒、反应很快，学习对他来说易如反掌，就像玩游戏一般；上了小学后，突然要面对一大堆作业和做不完的测验，心中就开始有了怀疑，觉得自己不够好，做不到父母的要求。这种负面的想法、自我否定的声音,一天天累积下来,你觉得最后这孩子会变成父母所期望的样子吗?

还有些家长,一到寒暑假就忙着帮孩子安排假期生活。我曾问他们为何不跟孩子讨论一下,看孩子自己打算如何过,他们却对我说:"不行啦!跟孩子讨论的话,他们一定是只想到玩!"有个家长就跟孩子约好:假期中有几天去参加一个营队活动,回来后得好好去补英文或数学,每天几点钟回到家后还可以打打球、游游泳;如果要打电动或是上网,每天也只能玩一个钟头。如此一个"超完美"的假期计划表排出来,孩子的假期生活看来是绝对充实,不会虚度了时光。

我听了以后却不禁产生无数个问号:如果在家里每天都要上紧发条,跟部队生活没有两样,你自己会喜欢吗?这样过日子还有什么意思呢?我们自己都不喜欢这样一板一眼,却要求孩子照表操课,会不会太累了?

●别口口声声说为了孩子好

表面上,父母口口声声说,这些期望和要求都是为了孩子好;可是,进一步追究便会发现,大部分的要求其实是要消除父母本身的不安,像是担心孩子的学业跟不上,担心他变坏,担心他没有能力自己安排时间,担心他养成不好的生活习惯……

不论这么多的担心有没有道理,全部集中在孩子身上时,就等于打造了一个超高标准,期待孩子成为完全不犯错的"圣人"。如果这样做只是为了消弭自己的担心,对孩子似乎不太公平。

当孩子年纪还小,他必须仰赖你物质面的提供,无力反抗家中的约束及安排;等到成长到某个阶段,像是进入青春期或上了大学以后,就可能会设法摆脱你的控制,你便会觉得:"孩子怎么会变成这个样子?"其实,这都是过去点点滴滴累积起来的,只是你后知后觉罢了。

有个妈妈,孩子已经大学毕业在工作了;虽然同住一个屋檐下,但彼此之间几乎不讲话,要跟孩子说话还得通过MSN。因为,孩子一回家就钻进房内,把房门锁上,她只好努力去学MSN,才能跟孩子讲上几句话。

"孩子你回来了吗?"

"是的。"

"你现在在做什么?"

"休息。"

"你肚子饿不饿?要不要吃饭?"

"吃不下!"

亲子之间的互动怎么会变成这样?

她承认自己是一个控制倾向非常强的妈妈,从小就要求孩子照着她的方式去做任何事;亲子之间意见不合时,她忽略了这是一个"相互了解"的过程,总是以自己的想法为标准,坚持"这样才是对的",给孩子的感受便是他"怎么做都错"。双方从一开始的剑拔弩张,到后来孩子的话愈来愈少,也愈来愈不想再跟父母说话了。

他今天之所以还住在家里,只是因为自己尚无能力独自搬出去；但是，回到家里仍是能躲就躲，不想跟父母打照面；这是一种无言的抗议，或是说不愿意再受到父母控制。彼此的关系从紧张到疏离，都是长期累积下来的结果。

有一次，我在朋友家打电话给我太太，两个人在电话中不知不觉讲了很多话。朋友开玩笑说："好肉麻啊！两个人结婚那么久了，还有那么多话可说。"我反问他跟太太之间如何沟通，他说："有什么事，两三句话交代一下就好啦！"

原来如此！这又让我体会到，两个人之间若还有话可说，愿意说，那是因为彼此信赖、愿意了解，遇到不同看法时可以沟通，并不是永远只有"我对你错"。

当你跟一个人说话时，那个人如果每次在你开口时都"啪"地打回来，你以后还会不会想跟他说话？一定不会。夫妻之间如此，亲子之间更是如此。很多时候，我们碰到问题时都急着马上要做决定；但是，由谁来决定呢？也许在那当下是你做了决定，而事实上那个决定也确实没有错；可是，两个人的关系却在这里开始变了！

你以为这样的互动方式不致影响彼此关系——因为"我都是为了你好"。可是，人是一种感受的动物；当你的处理方式让对方的感觉不好时，那种累积的力道是非常强大的，很多不满就是这样一点一滴累积起来的，千万不要小看它们！

● **重建亲密关系永远不嫌晚**

我一直认为，孩子是老天爷送来让我们一起学习的，不是让我们"管教"的；所以，每当有问题发生时，其实是彼此学习的开始。

记得有一个妈妈曾经对我说，他的儿子想穿耳洞、戴耳环，她不太赞成，可是又不知该如何处理。有很多父母都曾碰过孩子提出各式各样的问题，在以前我们可能完全无法认同；但是，这个时代的潮流跟我们过去完全不同，你不能用单一的道德标准去判断行或不行。

你不同意，他却还是要做，亲子之间就完全没有沟通的可能；如果他事先不告诉你，自己先去做了，之后你岂不是更生气？所以，既然他愿意提出来问你，表示他至少还珍惜这份亲子之情，把你放在眼里，你应该感到高兴；同时，也可以把握这个机会了解他的动机和想法，而不是用父母的权威断然地把孩子拒于千里之外，这才是比较积极的做法。

因此，在亲子互动中，每一起事件的发生都可能是冲突的开始。这时，做父母的不要总是想"替天行道"，希望自己一声令下，孩子就照着你的口令做；而要每天不断提醒自己："这是一件亲子功课，在这事件中我可以学到什么？"即使你对很多事早有定见，但你的想法并非唯一的答案；与孩子沟通，了解他的想法，你们之间才有可能一点一滴地累积交集，而不是一点一滴地把他愈推愈远。

在这过程中，我们所能做的就是跟孩子一起面对，多尊重，少控制，从中培养他自己去分辨、适应不同环境的能力。就像一颗种子，只要给它适当的阳光、空气和水，它就能向上生长，并激发出无限的可能；孩子在适当的管教下，便能够把作为一个"人"该有的素质都发展出来，成为你期待的样子，这份亲情也才会比较长远。

假如你希望自己教出来的孩子拥有健全的人格，平平安安、健健康康，能够照顾自己、适应社会，同时也具有良好的生活管理能力，不必担心他会被外界不良场所迷惑或是被人带坏，那么，不管你们过去曾经发生过多少事、相处上有多么困难，都将它视为过去吧！让我们从现在开始，看看自己可以做些什么，一切还不算太迟。亲情是一点一滴累积的；跟孩子重新建立亲密关系，永远不会太迟。

（本文根据演讲整理摘录）

有爱无碍
——爱是解开教养问题的关键

／吴金水（退休临床心理学教授）

父母要给予孩子安全感及信赖感，也要培养他的独立性、挫折容忍力与抗压力；当孩子走进社会时，他们就能积极主动，懂得为自己的生命找出路。

有人说,孩子是上天所赐予的最好礼物。奇怪的是,每个孩子在幼儿园及小学时乖巧得有如天使,为什么有些孩子上了初中以后却会出现种种偏差行为?

根据心理学研究,孩子成长过程的早期阶段,是人格发展的关键期;如果教育的方式不当或错误,祸根会潜伏至十二岁;当进入青春期、身心发展发生巨大变化时,才开始算总账。

所以,如果孩子在十二岁以前没有受到健康、良好的教养,影响必然在十二岁以后陆陆续续出现;这时看到的问题只是结果,原因要往前回溯。

再从人性的观点来说,每个人内在都有"善"及"恶"的种子,一般说来,善较多而恶较少。所以,年幼的孩子既非天使般完美,也不会如魔鬼般恶劣,教育才能够有"长善抑恶"之功。

●细心灌溉"善"的种子,发展健全人格

什么是"长善抑恶"呢?就是要在孩子的成长关键期为他们提供肥沃的土壤、充足的阳光、空气和水分,使他们内在"善"的种子得以抽芽长叶、开花结果,善根深植内心,透过循循善诱,将"善"的可能性化为必然性;而当"恶"的种子开始像杂草丛生时,要及时修剪、除去,不要让它蔓延扩散,避免它演变成为必然性。这便是"长善抑恶"的教育。

由此可知,孩子的成长就像盖一幢大楼,要先向下开挖地基,把基盘巩固好,才能一层层地盖上去;到了初中阶段假设

是要盖第五层楼,如果下面的一至四层楼盖得不够扎实、仍会摇晃松动的话,第五层楼绝对盖不起来。所以,坚实的人格基盘是孩子健康成长的重要基础。

据研究,每个孩子的健康地基,大约有百分之六十至七十是来自于遗传,另外百分之三十则是来自于胎儿时期的经验。因此,所谓的"胎教"确实有科学、医学和心理学的根据。

美国哥伦比亚大学心理研究所约在二十年前即做过一项调查,追踪婴儿自出生后到六岁之间的人格发展,有非常重要的研究发现。其中之一是,每个人的人格基盘奠基于在母亲肚子里孕育期间的感受;假如胎儿感受到的是温暖、慈爱,是受到肯定、接纳及欢迎的话,出生后必能拥有安全感与信赖感,未来的人格发展也会比较积极及乐观进取。

反之,如果这个孩子在母亲子宫时总是感受到生命受威胁、不受欢迎、不被接纳,出生后便会带着战战兢兢、提心吊胆的恐惧,缺乏安全感,对人缺乏信赖,极易发展成消极、沮丧、悲观与焦虑的人格特质。

有一位妈妈怀孕时心情很不好,产检时医生又告诉她这孩子是唐氏症的高危险群;她想拿掉孩子,但先生不同意,只好心不甘、情不愿地生下孩子。怀孕的十个月里,她心里每天都是排斥、厌恶的,没有接受过胎儿。当孩子一生下来,竟然拒喝母奶,而且只要妈妈一抱就哭,只好都由爸爸喂喝牛奶,妈妈整整六个月间都无法碰触孩子。

当孩子长大到一岁八个月时已经会叫爸爸、伯伯、伯母等

打通亲子的任督二脉

亲人,就是不会叫妈妈,并且排斥妈妈靠近。这位妈妈非常难过,我安慰她说:"你的女儿现在才一岁多,还有办法补救;愈早发现,改变的功效越大。"

我建议她平时多抱一抱、亲一亲孩子,给孩子大量的爱与温情;"孩子刚开始会不习惯,一定会排斥;可是,无论如何你都要尝试,每天最少要把她搂在怀里十次以上!"

●全心的接纳与拥抱,能改善亲子关系

人的脑部在 θ 波的状态时,每秒钟周波数只有四至七单位,速度很缓慢,通常是在人躺下将睡未睡、半梦半醒之间出现;当 θ 波出现时,对潜意识的暗示作用最强。所以,我教这位妈妈,每天晚上趁女儿刚睡下时附在她耳边说:"妈妈其实很爱你、疼你、关心你;可是,妈妈要承认,怀孕时曾经想着拒绝你。那是妈妈的错,妈妈愿意改正过来,给你多几倍的补偿。"这些话要每天重复讲,必能进入孩子的潜意识中,让孩子接收到正面的信息。

这位妈妈半信半疑,我鼓励她,只要持之以恒,快则一星期可看到改变,慢则大约半年便可以收到成效。

于是,这位妈妈白天一有空就抱着孩子,一天十几次,即使孩子一直闪躲、抗拒,她也不放弃;晚上便在女儿耳边对她说爱语。如此持续了约莫两个星期。

有一天晚上,她看着女儿睡着时安详的脸,突然一阵心酸,对孩子说:"你已经会叫人了,却还不会叫妈妈,你知道妈妈有

多伤心吗？如果你会叫一声妈妈，我不知会有多高兴呢！"这时，妈妈看到睡眠中的女儿眼角似乎有一滴眼泪，泪水渐渐地愈流愈多。妈妈好高兴、很振奋，就继续和女儿说话，累了就躺在女儿身边睡觉——这是她第一次跟女儿睡在一起。

第二天早上女儿醒来时，看到妈妈躺在身边，突然奇迹似地开口叫了一声"妈妈"，然后紧抱着妈妈。从此以后，母女的关系愈来愈好，互动也愈来愈热络亲密。

●爱得太多或太少，都会影响情绪的稳定

希望孩子朝正常、健康的方向发展，父母亲双方都应该具备母性及父性的角色。

"母性角色"指的是拥抱及拉近的爱，给孩子温情、体恤、关怀、照顾，也给他鼓励、奖赏、安慰、接纳，这是孩子最基本的安全感与信赖感的来源，也是情绪稳定的基础；假设孩子缺乏母性角色的爱，这孩子一定没办法正常发展。

动物学家曾将母猴生下的六只小猴子分成两组，其中三只由母猴亲自带，每天给它抱抱、亲亲、喂母乳；另外三只一出生就把它们关在笼子里，没有跟母猴接触，但食物、玩具等应有尽有，唯一缺乏的是母爱。三个月后，有母爱的小猴子活泼可爱，情绪稳定；另一组缺乏母爱的猴子情绪激动，在笼子里团团转。四个月后，有母爱的小猴子更加活泼，另一组猴子不但继续团团转，甚至用头去撞墙，因而头破血流或昏倒。五个月后，放出两边的小猴子；有母爱的小猴子，因有充分的安全

感与信赖感,看到其他的小猴子就迎向前去碰触肢体;另一组小猴子看到其他猴子走近时,全都吓坏了,躲到墙角发抖,给它鼓励、支持都无济于事,不跟其他猴子来往。可见,在孩子小时候给予足够的爱、温情、体恤及关怀,是非常重要的。

虽说不能缺少"爱",但也不能漫无限制。因为,"爱"就像我们给予花草树木生命的水;没有水就没办法长大,太多水的话植物也会烂掉。所以,"爱"的方式到某一个阶段就要转变。

从胎儿时期到两岁前,应该给孩子母性角色的爱;当孩子两岁左右、开始尝试摸索及站立时,便要加上"父性角色"的爱,也就是"推开的爱""切断的爱"。用父性角色的冷静、果断、毅然决然、敢做敢当,来培养孩子的容忍力及坚定的意志;当孩子有不良行为时,该指责就指责,该教训就教训。因为,父性角色就是要修正错误行为,让孩子为自己的行为负责。在孩子十二岁以前要逐渐培养其独立性、自主性、抗压力,假如没有这一点,孩子的人格成长就会有偏差,无法健康成长。

●予取予求的宠溺,只会助长任性

记得我在台南医院咨询门诊时,有对父母为了女儿怠学的问题前来求助。孩子升上初一以后,经常抱怨上学时间太长、教室没有冷气,也没有电动玩具,很无聊,因此不肯上学。父母稍微说她一下,她会躺在地上口吐白沫或大发脾气,把家里的茶杯、碗盘全部砸烂,令人束手无策。

有爱无碍——爱是解开教养问题的关键

进一步询问得知，女儿在幼儿园及小学阶段也曾出现类似的现象，显然是长期性的症状；但是，前后看过好几位精神科医生，都说她的脑波正常，神经也没有病变，一直找不出原因对症下药。

我问父母："这个孩子是谁带的？"他们说，因为是独生女，除了父母，爷爷、奶奶也对她疼爱有加、有求必应，即使孩子三更半夜开口要糖果饼干，也会开车出去买回来。予取予求的结果就是，孩子的胃口愈来愈大，没有一点自我控制的能力。

这对父母还记得，孩子四岁时，有一次半夜吵着要吃卤肉饭跟鳝鱼意面，爸爸马上到台南市的大街小巷去找，但是店家都已打烊，只好空手回家。女儿居然当场翻脸，拿起茶杯、盘子砸伤了爸爸。

听到这里，我已经完全可以肯定，这绝对不是脑波异常或是神经方面的病变，而是教养上出了差错，导致孩子形成所谓"帝王性格"或是"自恋性格"——只要我喜欢，有什么不可以？对别人呼之则来、挥之则去，一旦欲望得不到满足就大吵大闹。这样的教养方式，究竟是爱孩子还是害了孩子呢？

●适时推开的爱，磨练孩子愈挫愈勇

一个家里面如果只有母性角色，孩子便不太容易培养自制力，所以还要有父性角色；因为，从小溺爱惯了的孩子，会变成自我中心、自我本位，变得任性、野蛮。

孩子两三岁之后就要培养其独立性、自主性；他自己可以做的事情,家长不要越俎代庖,让孩子学会管好自己。独立性包括生活独立、经济独立、情绪独立、思想独立……假使父母亲一直保护、照顾过度,孩子就会软弱无力;比如很多家长会为孩子做笔记、做习题,孩子便会依赖成性。孩子需要长大,我们不能不试着推开。

所有动物都是如此。例如,小鸟出生后,亲鸟会一口口地喂养;小鸟羽翼渐丰,等到时间差不多了,亲鸟就会把小鸟推出鸟巢;小鸟会很紧张地又飞回来,亲鸟就再把它们推出去,如此一而再、再而三。这就是推开的爱、切断的爱,让孩子接受磨练,才能培养坚强的意志;即使遇到困难,也要接受挑战。

这种"推开的爱",心理学家认为从前的父母亲都有;可是,最近这二三十年,经济生活丰裕,物质生活越来越好之后,大家还以为自己可以长生不老,一直把孩子照顾得无微不至;当孩子一旦离开家庭的庇护,挫折与打击一来,便容易一蹶不振。

父母要给予孩子安全感及信赖感,也要培养他的独立性、挫折容忍力与抗压力;当孩子离开父母、走进社会时,就能够积极主动,懂得为自己的生命找出路。

(本文根据演讲整理摘录)